法國高中生 哲學讀本 II

PASSERELLES

PHILOSOPHIE TERMINALES L.ES.S

人能自主選擇而負擔道德責任嗎？
——————————— 探討道德的哲學之路

侯貝（Blanche Robert）等人——著

梁家瑜——譯

沈清楷——審

目錄

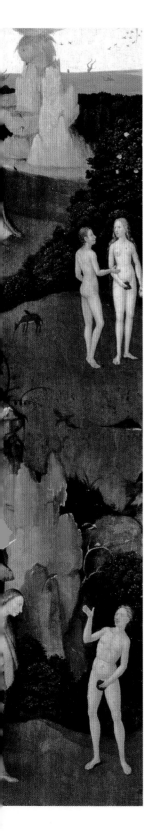

第二章　　　自由_____24

在一個和諧的社會裡，如何能夠與他人一起生活，又活得自由，沒有禁制或束縛？

第三章　　　　義務責任 _____ 52

義務責任總是採命令的形式。我們予以奉行或是反抗。為何面對義務責任時，會有這兩種態度？

問題思考 ———————+——————— COURS

哲人看法 ———————+——————— TEXTES

【推薦序】

高中哲學教育的視野
——思考那不被思考的事

文｜沈清楷

每年六月，法國都會有60多萬高中生參加長達四小時的高中哲學會考筆試，而近年來，台灣媒體也會同時瘋狂轉貼會考題目，引發許多討論。或許有不少台灣讀者基於對舶來品和法國的異國遐想而感到欣羨，也有人趁機宣洩對當前台灣作文考題的不滿，而法國高中哲學會考題目的開放性，更不禁讓人比對過去台灣在黨國體制下高中聯考必考的「三民主義」或是現存的「中華文化基本教材」。似乎，台灣也應該有這樣的哲學會考？

我們常教學生或孩子思考，又害怕他們因為懂得思考而不服從管教，因而扼殺了思考。我們會用「不要想太多」來規訓他們生命的奔放，因此教他們思考是危險的，因而，哲學是危險的，因為它要求思考，思考那不被思考的事情！因為學會了思考，他們會頂嘴、反駁、要求合理。但是，轉念一想，如果透過思考尋找理由彼此說服與溝通，不會因為學生或孩子會頂嘴而認定他們不受教，他們便可能在思考過程中學習如何傾聽與溝通。而大人只要放下身段，不以權威自居，將會成為他們未來最好的對話者與忘年之交。大人也可以從他們的真摯，反省我們太過人性的世俗，學習到我們可能早已遺忘的純真。因此，重點不是「不要想太多」，而是「怎麼想」。哲學教育也不會停留在怎麼想，因為，思考在某一刻會觸發行動。

法國高中有個耳熟能詳的謠傳：在上了一學期的哲學課之後，哲學老師教導如何找出問題意識，針對一般看法提出反思，形成定義後，進行正反論證、旁徵博引等等。期末考到了，老師出了一個題目：何謂風險？並規定作答方式、答題時間、評分標準。結果有個學生以很快的速度交卷，並得到了最高分。他在考卷上只寫著一句話：「這就是風險。」這個故事後來也發展出其他版本：「何謂勇氣？」「何謂膽量？」這個故事後來還被拍成電影，鼓勵學生獨立思考，發揮創意，對自己所思考的事情還要勇於承擔行動的風險。當然，只有第一個人是勇氣，其他就是毫無創意的重複和模仿。

法國高中哲學教育的要點

如果你真的相信「何謂風險？」是法國高中哲學會考題目，可能就小看了這個背後的規畫，因為台灣國小一般作文的考題，也可以出這樣的題目。

先看一下2015年「文學」、「科學」、「經濟社會」與「科技」四組的考題，每組都有兩題論文寫作加上一篇文本分析。分別如下：

【文學組】

論文寫作

第一題：尊重所有活著的存在，是一種道德義務嗎？

(Respecter tout être vivant, est-ce un devoir moral?)

第二題：我是我的過去所造成的嗎？

(Suis-je ce que mon passé a fait de moi?)

文本分析：托克維爾《論美國的民主》節選，1840

【科學組】

論文寫作

第一題：藝術作品一定要有意義嗎？

(Une œuvre d'art a-t-elle toujours un sens?)

第二題：政治可以迴避人們對真實的要求嗎？

(La politique échappe-t-elle à l'exigence de vérité?)

文本分析： 西塞羅《論占卜》節選，公元前1世紀

【經濟社會組】

論文寫作

第一題：個體的意識只是所處社會的反映？

(La conscience de l'individu n'est-elle que le reflet de la société à laquelle il appartient?)

第二題：藝術家的創作是可被理解的？

(L'artiste donne-t-il quelque chose à comprendre?)

文本分析： 史賓諾莎《神學政治論》節錄，1670

【科技組】

論文寫作

第一題：文化造就了人類？

(La culture fait-elle l'homme?)

第二題：人若不自由也可能幸福嗎？

(Peut-on être heureux sans être libre?)

文本分析： 休謨《人類理解論》節錄，1748

光看題目的深度或難度與多樣性，便讓人好奇這些題目基於什麼樣的「課綱」，或是根據什麼課程內容的編排。什麼樣的教學過程，才可以使學生知道如何作答？由於法國教育部提出一綱，加上考試，法國坊間充滿著琳瑯滿目的哲學教材，這個哲學課綱訂立著重在五大主題、哲學家、重要的觀念區辨（▶參見文末「法國高中哲學課綱」）。

法國高中哲學教育的重點可分為「觀念」與「作者」兩部分。在觀念方面，「普通會考類別」主要分為五大範疇：主體（自我認識）、文化、理性與真實、政治、道德。透過這些基本概念，再擴大延伸出如平等、感覺、欲望、語言、宗教、表現、國家或義務等觀念的思考，再根據不同學科斟酌比重。除了觀念，學生也須研讀作家或哲學家的作品，畢竟閱讀這些作品對於了解哲學十分重要。課程提供了會考範圍的哲學家清單，裡面共有57位作者，從時期來分，可分為「古希臘羅馬到中世紀」（從柏拉圖到奧坎，共15位作者）、「現代」（從馬基維利到康德，共18位作者）和「當代」（從黑格爾到傅柯，共24位作者）等三個時期。除了古代到中世紀很難用現代國家的概念來區分，現代、當代兩個時期的42位作者中，有19位是法國人、10位是英國人（或以英文著作）、9位德國人，以及4位歐洲其他國家的作者。

法國高中哲學教育不從哲學史教起，而是注重問題意識的發現、對定義深入探討，並強調正反論理的過程。哲學於是成為跨越人文學科的基礎知識，以及培養公民思考能力的教育。法國的教科書出版業者便根據上述原則逕行撰寫，這冊法國高中哲學道德篇即是這五大主題其中之一。

本書是怎麼編排的？

細看法國高中哲學—道德篇的編排結構，從「一般看法」和「思考之後」兩種看法的對比開始，因為，思考起於對於生活周遭以及刻板印象的反省。接著試圖為道德找出「定義」，再從定義找出「問題意識」，並在整個陳述的脈絡中，不斷點出「關鍵字區分」。從幾個大問題中，再細分出幾個更小問題，藉著哲學家不同觀點的「引文」，一方面回到原典閱讀，另一方面，閱讀是為了分析這些觀點的「論據」。因此，面對哲學家，他們並非被當作大師來膜拜，因為盡信書不如無書，偶像崇拜不是教育的目的，這些哲學家的文本只是作為思考時正反意見的參考，並用來擴充思考的深度與廣度。接著，再從「進階思考」、「延伸思考」，去反思道德原則下在現實處境中的應用與衝突，並輔助以電影、繪畫、歷史、新聞報導、文學

等不同例子，從而再次深化問題意識，以便讓哲學的反思能夠進入某種具體情境中來思考。

比如說：在「一般看法」中，道德存在每個宗教、文化、習俗之中，由訓示、告誡甚至教條組成，而且在不同時空有不一樣的標準，讓我們不禁懷疑道德是相對，甚至是彼此對立的，但是我們也觀察到這些不同的道德在每個特定社會仍充滿制約的力量。然而，我們是否因此迴避不談道德，抱持著無可奈何的態度任其束縛？在「思考之後」，道德在不同時空的相對性，讓我們自問是否存在著「普遍的」道德？如果道德的確深植在我們身處的文化記憶中，成為我們偏見或是信仰的來源，那麼，當我們開始針對所謂的道德約束進行反思，就會去思考是哪些有形或無形的道德，約束著我們的欲望與意志，進而發現自己並沒有想像中自由，更進一步去設想毫無束縛和羈絆的自由是否可能發生，而人類是否可能在毫無束縛的情況下生活。自由是否有限度？我們可以擁有多大的自由？還是自由只是我們的幻覺？面對外在的訓示、格言，是否有一些是我們自己願意承擔的義務與責任？還是我們把他人的要求當作自己應盡的義務，其實是在討好他人之中迴避自己？我們疑惑著人的存在是否有其目的，思索著好的生活是否可能。還是，幸福只是一種奢望？

道德只是教條？

談道德，或許讓人聯想到的是迂腐甚至虛假。因為，我們確實看到禮教殺人，看到衛道之士以道德之名、行壓迫之實。我們也習慣不假思索地持守格言當作生活的指南，用以證明自己做人處世的合理性。例如我們奉行著「誠實為上策」這種格言，但是仔細一想，把誠實當作策略，就是把誠實當作工具，而不再是目的本身。誠實難道不應該是無條件的、只作為自身而被實踐嗎？

台灣過去戒嚴時期的道德教育，被政治效忠的教條所控制，當時中學教育還有「青年守則」，用以規訓年輕人的心靈。舉例來說，第七條「服從為負責之本」，當權者把服從長官、師長、家長的命令，提升到負責的道德高度。仔細一想，這裡的服從，是服從自己還是他人？負責難道不是對自我負責？如果服從他人，卻非出於自己意願，我是否對自己負責了？在政治教條的影響下，敷衍變成我們用來應付自身存在的方式。但是別忘了，人有能力可以進行道德反思。一個不對道德進行反思的人，很容易變成道德的教條主義者而陷入虛假之中。那些拿著道德夸夸而談的人，更可能只是服從於他人的道德。他無法服從自己，無法自行作主，讓他人的虛假成為自己的虛假，從而讓生命虛無化，最後讓自己變成了他人的道德奴隸。

法國高中哲學強調道德反思的重要：「道德建立在習俗之上嗎？」「國家應該教化公民成為道德的人嗎？」「道德原則是普遍適用的嗎？是否可以有例外？」當我們論及自由意志作為責任義務的起點，自由意志是存在的嗎？還是自由意志乃編造虛構而出，好讓我們擔負那個我們不應該負的責任，而我們卻將它視為自己的義務？我們深知自由的重要性，但同時也必須去問：「我們對自由的渴望」是否也有可能「自願為奴」？企圖追求幸福生活是否是一種幻覺？更尖銳的問：幸福的想望，會不會只是讓我有所期盼，好讓我們可以忍受現實的不幸？

這些疑問在人開始思索質疑周遭發生的現象以及既定價值時，就會開始發酵。我們可以停留在「反正什麼都一樣」的相對論當中，當然也可以透過這本書的「問題意識」，進一步以正方、反方思考人性或共同生活中必然觸及的問題及價值，以及可行的解決之道。不同觀點能提供參考，破除一些邏輯上的矛盾，但真正的答案還是屬於願意思考的人。

法國的哲學教育，台灣適用嗎？

法國高中哲學會考是否適用於台灣？一看到「考試」二字，我們便不免擔憂這種四小時的哲學寫作會考，在台灣現行的教育體制下，對學生的負擔是否會太重？會不會因為考試而變成另一種強迫式的八股答題文化？然後還要上補習班，才能通過會考？是否可能揠苗助長，反而讓人對經典閱讀失去興趣、對哲學思辨望之卻步？法國高中哲學會不會是一種外來思想的移植？而這種自我思想的殖民是否有其必要？

這些問題都是有意義的。但面對台灣的教育，我們還是可以反省，現行高中人文教育是否輕忽高中生閱讀經典與思辨的能力？另外，如果哲學能作為豐富高中人文學養以及視野的參考，將之排除在高中課程之外又豈不可惜？試圖在高中階段注入人文思想的有志之士，可以思考的是，如何在不增加學業或考試的負擔之下，調整哲學課程的時數比例，或是把哲學融入人文課程（歷史、公民、社會等），鼓勵閱讀、反思和想像。這系列的書只是「文化視野的參考」，台灣高中哲學教育也確實不能以法國思考為標準，而是應該鼓勵台灣這一代優秀的大學教授和高中老師自行撰寫。只有他們才會回到台灣自身環境來思考，才可能豐沛下一代的人文素養。

儘管法國高中有哲學教育，但它並非萬靈丹，也無法負擔全部的教育責任與後果。如果可能，它或許能培育傾聽、求證、參考不同意見後的反思態度，至於思考深刻與廣度，還是繫於個人的反思能力。

看著學生或孩子天真的臉龐，其實他們擁有一顆趨向成熟的心靈。當大人跟他們說「不要想太多時」，他們很可能眨著眼，微笑看著你（心中反駁著：「是不是你想太少了啊？」XDD）。

感謝

這本書的出版因緣，特別要謝謝我在比利時魯汶大學留學時所結識的宋宜真小姐的堅持與耐心，她願意在坊間已經有許多哲學普及讀物之際，還願意請在法國巴黎留學的魏聰洲先生將許多版本的法國教科書寄回台灣，由我任選一本，然後找人翻譯成中文。不知好歹的我，選了一本高達六百頁的教科書（將會陸續分成五冊出版）。當初之所以選擇較厚重的版本，是因為商業或考試用途的書大多輕薄短小，無法看到法國在教學現場許多高中老師在編排哲學教科書的企圖與選材上的豐富性。當然更要謝謝總編輯賴淑玲小姐的氣度與識見，不計成本、不做短線市場操作，在焦慮中耐心地包容譯者和審者的龜毛與拖稿。

這本書的目的也不是原封不動地「移植」西方哲學的教材或教法給台灣的高中生或老師，只是希望作為台灣未來哲學教育「參考」的文化視野。它同時也是給「大人」看的。只要一進入這本書，就會發現，我們可以為自己的下一代做得更多。台灣目前已經有許多人對哲學普及教育進行推廣、引介、原創等哲學寫作，如議題最廣泛的公民論壇「哲學星期五」、台灣高中哲學教育推廣學會（PHEDO）的實驗教學和教育廣播電台的「哲學咖啡館」，以及「哲學哲學雞蛋糕」「哲學新媒體」和「哲思台灣」等媒體或平台。這些耗費心力卻難得的嘗試，也是為找出適合於台灣多元文化的本土高中哲學教育。這本書也加入了這個運動的行列中，更是為推動台灣高中哲學教育的共同盼望，一起努力、加油、打氣。

謝謝哲學星期五策劃人之一的廖健苡小姐、PHEDO祕書長梁家瑜先生，願意耗費大量心力翻譯這本「結緣品」。不論他們是否因交友不慎而誤入歧途、擔任翻譯的苦主，我更珍惜的是他們低調的使命感，使得筆者在校稿上輕鬆不少。當然也要感謝宋宜真主編以及總編輯賴淑玲，在仔細閱讀後的提問、盡可能照顧

一般讀者,在字詞用語上的仔細斟酌,讓文句盡可能通順好讀。

最後,這本法國高中哲學教科書道德篇許多的經典引文,都是根據已有法文譯本,而中文版盡可能參照原文(希臘文、拉丁文、德文、英文)。這本翻譯得助於PHEDO的協助,而在審校過程中,除了原文是法文由筆者進行校稿,要特別謝謝輔大哲學系諸多同事以及許多老師的義務幫忙:除了與陳斐婷教授的討論,我也冒昧地求助完全不認識的王志輝教授,他很有義氣地擔下文中全部亞里斯多德希臘譯文的比對校正;張存華教授協助書稿中大量關於康德德文的比對校正;黃麗綺教授協助書稿中份量頗多的尼采與叔本華德文比對校正;葉浩教授協助霍布斯與部分彌爾的英文比對校正;陳妙芬教授協助黑格爾的德文比對校正;吳豐維教授協助羅爾斯英文的比對校正。由於他們學養的挹注與義助,才讓這本書有增色不少,也具有更多參考價值。當然,審校後的文責由我承擔,與這些拔刀相助的苦主無關。還有我時時想念的幾位大學以來一起閱讀哲學、生命中相互砥礪的好友:趙錦豪、楊李榮、陳伯榮、沈昭明。最後,在此向他們所有人的友誼與熱情,致上最深的謝意。

法國高中哲學課綱

觀念

人文組（Série L）	經濟社會組（Série ES）	科學組（Série S）
主體（Le sujet）	**主體**（Le sujet）	**主體**（Le sujet）
意識（La conscience）	意識（La conscience）	意識（La conscience）
知覺（La perception）	知覺（La perception）	知覺（La perception）
無意識（L'inconscient）	無意識（L'inconscient）	欲望（Le désir）
他人（Autrui）	欲望（Le désir）	
欲望（Le désir）		
存在與時間（L'existence et le temps）		
文化（La culture）	**文化**（La culture）	**文化**（La culture）
語言（Le langage）	語言（Le langage）	藝術（L'art）
藝術（L'art）	藝術（L'art）	勞動與技術（Le travail et la technique）
勞動與技術（Le travail et la technique）	勞動與技術（Le travail et la technique）	宗教（La religion）
宗教（La religion）	宗教（La religion）	
歷史（L'histoire）	歷史（L'histoire）	
理性與真實（La raison et le réel）	**理性與真實**（La raison et le réel）	**理性與真實**（La raison et le réel）
理論與經驗（Théorie et expérience）	論證（La démonstration）	論證（La démonstration）
論證（La démonstration）	詮釋（L'interprétation）	生命（Le vivant）
詮釋（L'interprétation）	物質與心靈（La matière et l'esprit）	物質與心靈（La matière et l'esprit）
生命（Le vivant）	真理（La vérité）	真理（La vérité）
物質與心靈（La matière et l'esprit）		
真理（La vérité）		
政治（La politique）	**政治**（La politique）	**政治**（La politique）
社會（La société）	社會與交換（La société et les échanges）	社會與國家（La société et l'État）
正義與法律（La justice et le droit）	正義與法律（La justice et le droit）	正義與法律（La justice et le droit）
國家（L'État）	國家（L'État）	
道德（La morale）	**道德**（La morale）	**道德**（La morale）
自由（La liberté）	自由（La liberté）	自由（La liberté）
義務（Le devoir）	義務（Le devoir）	義務（Le devoir）
幸福（Le bonheur）	幸福（Le bonheur）	幸福（Le bonheur）

作者

古代 中世紀 (15人)	現代 (18人)	當代 (24人)
柏拉圖 PLATON	馬基維利 MACHIAVEL	黑格爾 HEGEL
亞里斯多德 ARISTOTE	蒙田 MONTAIGNE	叔本華 SCHOPENHAUER
伊比鳩魯 ÉPICURE	培根 BACON	托克維爾 TOCQUEVILLE
盧克萊修 LUCRÉCE	霍布斯 HOBBES	孔德 COMTE
塞內卡 SÉNÈQUE	笛卡兒 DESCARTES	古諾 COURNOT
西塞羅 CICÉRON	巴斯卡 PASCAL	彌爾 MILL
艾比克泰德 ÉPICTÈTE	史賓諾莎 SPINOZA	齊克果 KIERKEGAARD
馬可·奧里略 MARC AURÉLE	洛克 LOCKE	馬克思 MARX
塞克斯都·恩披里克 SEXTUS EMPIRICUS	馬勒布朗士 MALEBRANCHE	尼采 NIETZSCHE
普羅丁 PLOTIN	萊布尼茲 LEIBNIZ	佛洛伊德 FREUD
奧古斯丁 AUGUSTIN	維柯 VICO	涂爾幹 DURKHEIM
阿威羅伊 AVERROÈS	柏克萊 BERKELEY	胡塞爾 HUSSERL
安賽爾莫 ANSELME	孔迪亞克 CONDILLAC	柏格森 BERGSON
阿奎那 THOMAS D'AQUIN	孟德斯鳩 MONTESQUIEU	阿蘭 ALAIN
奧坎 OCKHAM	休謨 HUME	羅素 RUSSELL
	盧梭 ROUSSEAU	巴舍拉 BACHELARD
	狄德羅 DIDEROT	海德格 HEIDEGGER
	康德 KANT	維根斯坦 WITTGENSTEIN
		波普 POPPER
		沙特 SARTRE
		鄂蘭 ARENDT
		梅洛－龐蒂 MERLEAU-PONTY
		列維納斯 LÉVINAS
		傅柯 FOUCAULT

關鍵字區分（Repères）：從上面大觀念而來，更準確的觀念群組（根據 ABC 為序）

絕對（absolu）/相對（relatif）；抽象（abstrait）/具體（concret）；實現（en acte）/潛能（en puissance）；分析（analyse）/綜合（synthèse）；原因（cause）/目的（fin）；偶然或偶發（contingent）/必然（nécessaire）/可能（possible）；相信（croire）/知道（savoir）；本質（essentiel）/偶然或偶有（accidentel）；解釋（expliquer）/理解（comprendre）；事實（en fait）/法理（en droit）；形式（formel）/物質（matériel）；類（genre）/種（espèce）/個體（individu）；理想（idéal）/現實（réel）；同一或相同（identité）/平等或等同（égalité）/差異或不同（différence）；直覺（intuitif）/論理（discursif）；合法（légal）/正當（légitime）；間接（médiat）/直接（immédiat）；客觀（objectif）/主觀（subjectif）；義務（obligation）/限制（contrainte）；起源（origine）/基礎（fondement）；說服（persuader）/信服（convaincre）；相似（ressemblance）/類比（analogie）；原則（principe）/結果（conséquence）；理論（en théorie）/實踐（en pratique）；超越（transcendant）/內在（immanent）；普遍（universel），一般（général）/特殊或特定（particulier），個別（singulier）

【推薦序】

從反思中得到自由
── 道德哲學的意義

文｜吳豐維（文化大學哲學系副教授）

什麼是道德？這是一個看似簡單，實則困難的提問。

在日常生活中，我們不僅會中性地描述一件事情（例如：「台北捷運車廂設有博愛座」），也會對人與事提出價值評斷（例如：「好手好腳的人不可以坐博愛座！」）。看到可鄙的行徑，我們會譴責與批評；見到高尚的作為，我們會讚譽與鼓勵；聽到混淆是非的言論，我們會激辯與駁斥。我們日常所說的道德，其實就是這類蘊含了責難或褒揚情緒的價值判斷。以專業的哲學術語來說，道德是一種「關於我們應該作為或不作為的普遍要求」，以白話來說，道德是一種要求我們去做某件事（例如幫助他人），或者禁止我們去做某件事（例如說謊）的社會規範。從語源來看，英文裡的倫理（ethic）與道德（moral）分別來自古希臘文的 ethos 與拉丁文的 mos 與 moralis，兩者都有習俗（custom）之意。因此，所謂的倫理與道德，其實就是一個社會的風俗與行為準繩，對人們的生活與行為具有相當的拘束力。

說明了道德的大致內涵後，哲學家的麻煩才正開始。如果說，道德是規範人們行動的普遍要求，那麼它是從哪兒來的？它又憑什麼對我們有拘束力？這正是最困擾哲學家的問題。舉例來說，法律同樣也是人們遵守的社會規範，但是法律有明確的來源，它是由人民授權的立法者經過一定程序制定出來的規範，並且

由行政與司法機關貫徹施行。然而，道德卻沒有如此清楚的系譜，也沒有強制人們遵循道德的賞罰機制。與法律相比，道德的圖像竟然如此模糊，成了我們最為熟悉卻又說不清楚的東西。因此我們不難理解，為什麼有懷疑論者會主張，道德根本就不存在，進而宣告道德只不過是說教者的騙局與錯誤信念造成的幻象。

面對懷疑論的挑戰，一個最不燒腦袋的回應，就是將道德的來源簡單歸諸於上天或造物主。如果道德來自神靈啟示，那道德的來源跟權威性不就確保了嗎？確實，宗教是一個人類學的事實，從最先進的社會到最原始的部落，都有某種形式的神靈崇拜，無一例外。但是武斷地將道德歸諸於神靈，不僅犯下了「訴諸權威」的謬誤，也不符合科學精神。目前科學界的常見解釋是：道德不是神靈給予的，而是基因突變與環境適應後的演化產物。舉例來說，演化生物學者主張，人類的道德感來自於同理心的生物本能，因此我們才有苦他人之苦的惻隱之心，而當代社會心理學家海德（Jonathan Haidt）甚至主張，我們的大腦內建了演化來的一套道德模組（moral modules），幫助我們做出日常的價值判斷。

有些哲學家則傾向於把理性視為是道德的基礎。人類因為有理性，所以能後設地思考，並為自己的行動提供理由（道德就是一種具有規範性的理由）。不過，這種哲學解釋也並不

完備，當人們追問，如果道德來自理性，那理性從哪來的時候，哲學家通常會保持緘默。對多數哲學家來說，理性是一個基本事實，無法再進一步說明，就如同數學家無法解釋數學從何而來一樣。所以有些哲學家提出了理性之外的解釋：道德是人類情感的主觀投射或者社會的共同建構。例如，英國哲學家艾耶爾（A. J. Ayer）就主張，道德這類的價值判斷並沒有認知意義，它不描述事實，只是表達了說話者的情緒。所以當我吶喊「殺人是不對的」，其性質跟我說「莫札特的曲子真是太美妙了」是一樣的，都只是表達我的主觀情感而已，並沒有客觀意義。如果艾耶爾所言確實，那麼道德就有如美學名諺「關於品味無所爭辯」所說的一般，是非善惡都將只是主觀情感的投射，而沒有客觀性可言。為了避免這種極端的結果，比較溫和的觀點，是把道德視為社會集體情感投射然後建構出的社會產物。

還好，在台灣的現實世界裡，很少人會採取徹底的懷疑論立場，所以我們很少需要為了「到底有沒有道德這種東西」而跟他人爭得面紅耳赤。台灣人遇到的困擾，不是道德太少，反而是道德過度泛濫。在我們的日常生活裡，有太多的說教、太多束縛身心的框框條條，在網路世界裡，也有許多整天抱著假道德追殺他人的正義魔人。在這種情況下，人反而像是活在禮教機器裡，隨時處在擔憂他人非議的壓力

下，自我馴化為討好他人的可愛動物，甚至內化了這套體制然後晉升為新一代的道德打手。盧梭曾說，真正的自由是遵守自己制定的規則。在盧梭的觀念下，真正的自由人，是懂得為自己的行為立法的道德人。真正的自由，絕對不是漫無節度的放縱，也不是盲目服從他人的道德指導，而是懂得為自己設規範、為自己設定價值。受盧梭所啟發的康德，則進一步主張，真正的道德必須來自理性的自我立法。從這種角度來看，道德哲學的目的，絕對不只是教化人心，而是透過不斷的反思與探索，讓自己成為真正的自由人。

反道德的尼采曾在《道德的系譜》一書追問：「在什麼條件下，人類發明了善與惡的價值判斷？它們本身有什麼價值？」身處諸神崩壞的十九世紀的他，不僅挑戰了道德的起源、道德的價值，也質疑了道德的效力。時至今日，二十一世紀的道德哲學家也仍舊被這些問題所困。歷史的反諷在於，當下的我們似乎擁有比前人更多的資訊，卻不必然比前人看得更深更透徹。儘管如此，我們仍占了時代的優勢，擁有更豐富的理論資源與人類史的試錯經驗，得以更全面理解道德這個人類社會獨有的現象。這本道德哲學讀本，正是相關思索的結晶，透過更深入的閱讀與批判後，讀者必定能從不一樣的眼光看待自由、責任與幸福的意義。

Q：道德與幸福必然彼此對立嗎？

《密親芳澤》，弗拉戈納爾的油畫（45×55公分），約1788年，收藏於俄羅斯聖彼得堡的艾米塔吉博物館。

畫中，兩個未婚年輕人迅速給對方一吻。這種舉動長年受到道德譴責，但人們總是情不自禁。因此，自由與歡愉經常是在違抗道德戒律中得到滿足。然而，要獲得幸福，則需要能夠調和兩者。

1 | 道德哲學導論

道德錯誤與處罰

《亞當與夏娃被逐出伊甸園》，波許《乾草車》三折畫中的部分，1505年，收藏於西班牙馬德里的普拉多博物館。

一般看法	思考之後
道德是一種束縛	**人類可以在道德中自我實現**

道德常與某種告誡和責難的言論，以及對某些戒律的提醒相連。跟司法條文不同，道德規則直接面對每個人的意識。道德規範會根據文化傳承或是宗教信仰的相關判準，認定行為好壞。因為個人無法遵守這些規範，道德便經常讓人產生罪惡感，正如聖經《創世記》中，亞當與夏娃因犯錯遭罰，被逐出伊甸園的情節所示。在日常生活中，遭到「道德訓誡」的人，就是被當成小孩子看待。如果有人被訓了一頓，或許就是因為無法好好遵守道德規範。

道德不存在於自然狀態中。道德是人在面對環境與行為時所表現出來的努力，而被賦予特定的人性涵義。這種特定涵義經常源自極古老的根源，繼承了人類群體過去真實處境中的記憶。當一個人將道德內化，他會把自己以及他人和自身的關係當成反思的對象。個人在構想自己為道德主體時，會自由地探問自己希望何種生活方式。因此，道德不會只是某種束縛人、讓人感到罪惡的生活方式，道德也可以豐富我們的人性。

道德是共同體對成員的約束，
但我們應該就這樣接受道德嗎？

從定義尋找問題意識

定義

> 道德是對於行為與價值觀的整套規範，並描繪出何為善與惡。這種描繪沒有明確的起源，但道德有助於個人評判自己與他人的行動。

對於行為與價值觀的整套規範

道德調整我們的言行舉止，特別是對他人的言行舉止。道德包含了各種普遍原則，例如：幫助他人，或是不得撒謊。這些原則高舉某些特質的價值，例如：慷慨、誠懇、謙遜等等。法律以懲罰的威脅來進行實質約束，道德的約束方式則更為間接，例如：良心不安、團體的譴責，或是宗教恐嚇。

並描繪出何為善與惡

司法意義上的罪行或是不法行為，被定義為違反法律規範。這種行為有害社會生活，本身卻不被判定為有害。道德判斷則要求區分善惡，而區分方式不取決於直接的個人利益，甚至也不取決於任何單一的社會效益。

這種描繪沒有明確的起源

道德意義上的善，其定義經常為一個共同體所共享，並可從教育中引導出來。然而道德善的起源並不明確，有可能是傳統、信仰或是宗教經典。我們也可以認為道德意識是天生的，或者相反，是被隨意地建構出來的。

但道德有助於個人評判自己與他人的行動

法律關注的是行為，意圖只會間接納入考量。例如：非意圖殺人的懲罰比謀殺來得輕。然而，在道德意識的層面上，個人會檢視自己或是他人的意圖，同時也會檢驗他們對同一個共同體的歸屬感。

定義提出什麼問題？

這個定義表示，道德意識的起源並不明確。因為作惡而感到羞愧的人真的能擔任自己的法官嗎？他可能是接受了某個習慣行為的道德價值，或是被他人的影響所說服。▶ Q1：道德是建立在習俗之上嗎？

根據這個定義，道德包含了可供個人援引的普遍原則。然而要施行這些原則，在某些特定的情況下可能會有問題，需要某種權衡的空間。▶ Q2：道德規範能容許例外嗎？

問題思考

COURS

關鍵字區分

相對的（relatif）／絕對的（abso-lu）

一項道德原則如果在不同文化背景與時代中，得到所有人認可，就是絕對的道德原則。如果一項原則只有對某個文化背景或特定歷史時期的某些特定個人是道德的，那就是相對的道德原則。

關鍵字區分

普世的、普遍的（universel）／特殊的（particulier）

根據盧梭的看法，同情是全人類共有的自然情感，因此擁有某種普世的特性。在教育、個人生命故事與文化演進的影響下，這種道德感或多或少被某種帶有特殊形式的道德信念所掩蓋。

關鍵字區分

內在的（immanent）／超越的（transcendant）

如果存在某種普世道德（例如以自然為基礎的普世道德），那麼，這樣的道德應該會超越不同文化與歷史差異，出現在所有人類的行為中。道德演進的事實肯定了，人類共同體內部都會以某種方式加以調節，而讓人認為道德是內在於這些人類共同體的。

Q1：道德是建立在習俗之上嗎？

不同時代與文化的不同道德規範，讓人以為道德都是相對的。然而我們還是觀察到一些共同現象，例如人類對於無辜者受苦，都感到驚駭。某些敗德行為所帶給我們的情緒經驗，讓我們認為習俗並非人類道德感的唯一來源。

1. 某些道德傾向是獨立於各種不同的習俗而存在的

為了找回人類本性的永久性，盧梭（▶見文本閱讀1-1，6頁）認同某種直覺式的道德感：對他人受苦的感受。例如：在戲院或電影中因同情角色而流淚的人，在面對無辜受苦者時，也能自動湧出悲憫的衝動。這種自然的惻隱之心跟生存本能與物種存續是共存的，這個事實或許可以保證道德的普世性。

然而，歷史演化和文化都讓人遠離這種自然的道德傾向，道德因此變成某種利害衝突以及各種支配形式的藉口。例如：在十九世紀，資產階級利用其支配地位，推動某種極為嚴苛的道德，這種道德至今仍有助於某種有利於他們的社會組織型態。

2. 對每個個人而言，道德是透過教育與習慣，建立在習俗之上

某些道德規範看似如此理所當然，以至於我們會認為是天生固有的。例如：幫助面臨危險的兒童，或是不趁人之危。事實上，根據巴斯卡（▶見文本閱讀1-2，7頁），所謂的「根據習慣就好（la coutume peut tout）」，就是在掩蓋某項道德規範的起源是任意且約定俗成的事實。在現實中，善惡的定義會隨著歷史演進。

在不同時代裡，有些人類行為漸漸獲得包容，有些則受到越來越重的壓制，或是得到鼓勵。例如：家庭中的角色分配，以及父母親在施展權威時如何運用暴力。道德會隨著風俗演進，既不仰賴人類歷史之外的原則，也不以超越的方式一勞永逸地固定下來。

3. 習俗是道德有效的來源，但並非絕對的來源

由於風俗具備特殊且不斷變化的特性，我們得知：可靠到足以限制人類自由的道德並不存在。但是以「道德無法與形塑道德的風俗分離」作為藉口而放棄所有道德，可能會是種危險。

對笛卡兒而言（▶見文本閱讀1-3，8頁），道德要超越風俗相對性的困難，正好證明了我們是多麼信任自己早已接受的事。每種現存的道德都證明了此一道德在某個時期中規範人類行為的能力。不過，我們也必須謹記道德受時代演變所支配的事實。因此，一個人贊同他所接受的道德，這個贊同應該是有條件的，應該說明清楚。他既不該對這個贊同的各種批判存而不論，也不應該合理化過度極端的行為。

Q2：道德規範能容許例外嗎？

我們期待道德能有實際規則，以作為個人參考，為他的決定帶來一些啟發。然而在特定情況下，這些規則的某些例外也可算是正當的。一項道德規則如果容許例外，是否就是無效的呢？

1. 道德若沒有普遍規則，就毫無意義

　　從一件特殊事例中得出某種道德教訓，並非毫無可能。正是因此，在《拉封丹寓言集》大部分故事的結尾，我們都能找到某種教訓。然而一個實用的結論若是無法「普遍適用」，便無法構成道德規範。相反的例子是，道德規範如果對個人面臨的處境毫無啟發，便毫無用處。任何道德規則都應該具有一定程度的普遍性，並以「陳述的形式」呈現。例如：撒謊是邪惡的、己所不欲勿施於人。

　　確實，儘管人們承認規則的道德價值，卻還是不停地違犯規則。康德（▶見文本閱讀2-1，9頁）檢驗人的直覺，想知道是否在特定條件下，撒謊也可能是正當的。他舉的例子是：明知一項承諾無法實現，卻還是做出此一承諾。在某些情況下，我們可以在其中看見某種機巧，甚至某種慎重，但絕不是道德的證據。

　　我們之所以會對某個道德原則開啟例外之門，總是為了以某種方式滿足我們的利益，而不是為了尊重這項規範背後的精神。我們之所以能賦予各種道德原則價值，正是因為我們確實戮力於實踐這些價值，包括在環境要求我們變通運用甚至例外處理的時候，例如：對親近的人說出真相可能十分令人難受，但正是因為如此，才能展現其道德價值的真實性。

2. 對於某項規則的應用，必須能夠根據預期後果做出調整

　　構成某種道德的各項規則，並不是像科學規律一樣，能形成某種預先設定的知識。每個情境都是獨特而不確定的，尤其從實際後果的角度來看。在某些情境下，遵守某項道德原則會導致的惡大過於善。例如：如果我們知道武裝民兵要追捕處決無辜者，那當民兵質問我們的時候，不可說謊的道德原則看來就不再有效了。道德需要我們在可能的限度內，判斷出可遵循的最好途徑。必須做出決定的人不能無視決定的後果，輕率而行。

　　亞里斯多德認為，道德上美好德性的行使，是試圖盡可能地把界定某個情境的可能參數都納入考量之後，先進行審思再判斷。他稱這種理智的德性為審慎（▶見文本閱讀2-2，10頁），關鍵在於深思熟慮做出決斷。別人的意見也可能會影響這種審慎，個人應該注意不要以自發的方式行動，不要透過簡單的直覺認定何謂道德上的善，甚至是被自己的利益所蒙蔽。在這個意義上，我們與他人關係的特徵顯示在信任的程度上，而這有助於道德的行使。

關鍵字區分

理論上（en théorie）／實踐上（en pratique）

根據康德的看法，在道德之中，理論上為真的，在實踐上也不能是假的，因為如果人們不強迫自己實踐一項理論上的陳述（如「撒謊是邪惡的」）的話，便盡失價值。

關鍵字區分

必要（nécessaire）／可能（possible）

如果人們只有純粹的道德意圖，可能就永遠不會有說謊或是容許某個道德規範例外的必要。然而，在我們反思怎麼做才符合道德的時候，應該考慮到人類某些特定行為有不道德的可能。

哲人看法

文本閱讀 1-1

盧梭

讓・雅克・盧梭
Jean-Jacques Rousseau
1712-1778

Q1：道德是建立在習俗之上嗎？

人們認識的大部分道德原則都與社會生活相關：家庭教育、法律習慣、特定的集體信念。因此，人們採納某些特定道德規範的事實，是否只能透過社會習俗的演進得到解釋？

真正的道德源於自然

盧梭建立了人在嚴格自然狀態下的假說，以區分人身上自然與文化的部分。他假設先天道德感的存在直接來自於求生的本能。

　　慷慨、寬恕和仁慈所指的，如果不是對弱者、罪人或是對全人類的憐憫同情，那還會是什麼呢？善心乃至友誼，如果我們理解恰當，指的是針對一個特定的對象，產生某種持續的同情，因為希望某人不受任何痛苦，指的如果不是希望他快樂的話，還會是什麼呢？憐憫之情[1]不是別的，只會是一種讓我們對受苦者設身處地的情感，這種情感在野蠻人身上是隱晦而強烈的，但在文明人身上卻顯得微弱，對我所說的真理而言，這個觀點豈不是讓我的說法更加有力嗎？事實上，旁觀的動物越是深切認同於受苦的動物，牠的憐憫之情就越強烈。那顯然這種認同在自然狀態中比在理性狀態中更是無限地緊密。[…]

　　野蠻人絲毫沒有這種驚人的本事[2]。由於他缺乏智慧和理性，因此我們會看到他總是不加思索地服從於人類原始的情感。在騷動中、在街邊的爭吵中，賤民集結群聚，謹慎的人則走避遠離。而將打鬥中的人拉開、阻止老實人互相殘殺的，正是這些流氓，正是這些流鶯[3]。

　　因此可以肯定，同情是種自然的情感，克制了每個個人出於自愛的活動，促進了所有人之間相互保存的活動。同情讓我們不加思索地伸手援助我們看到的受苦者。在自然狀態中，同情取代了法律、風俗與德性，並且擁有一項優點：沒有人會試圖違抗這溫柔的聲音。同情讓所有健壯的野蠻人面對弱小嬰兒或是殘弱老人時，轉而不掠奪他們艱難獲得的生活所需，只要他自己能在別處找到自身所需的話。[…]總之一句話，應該要在這種自然的情感中，而非那些精妙的論證裡，尋找所有人——就算對教育的格言一無所知——對自己作惡感到反感的原因。

尚－雅各・盧梭，《人類不平等的起源與基礎》
GF文庫，Flammarion出版社，2008年，96-98頁。

1 | 同情，或者更照字面意思來說，指的是分擔他人的苦難。

2 | 這裡的本事是指野蠻人在他人的受苦前面能夠冷冰冰地推理，而沒有惻隱之情。

3 | Femme des halles，此處指的是妓女。

理解命題的論據——文本閱讀 1-1

命題： 人類本性中存在著某種基本的道德形式，該形式與對他人痛苦的憐憫同情有關。

論據一： 一切被承認為道德的人性品質都建立在憐憫同情之上。▶Q：一切道德行為如何建立在某種「視為同一」的傾向上？

論據二： 憐憫同情是種自發反應，我們可在社會上某些特定的行為中看見這種反應。▶Q：文本中提到哪些自發的道德反應？

論據三： 憐憫同情符合自然本能，這確保了憐憫同情的普世面向。▶Q：憐憫同情如何有利於物種的存續？

確實理解了嗎？ 在自然的憐憫同情之上，教育的效用為何？特別是當教育朝理性靠近的時候。

道德隨著習俗發展

文本閱讀 1-2

巴斯卡

布萊茲·巴斯卡 Blaise Pascal
1623-1662

在巴斯卡看來，人類習俗的多樣性，讓人了解到不太可能有普遍道德原則。任何道德都是來自習俗。

摘文一：

所謂我們自然的原則，如果不是我們習俗的原則，還會是什麼？[…]

眾教父害怕孩童自然的愛會消失。那這個很可能會消失的自然是什麼？

習俗是第二自然，摧毀了第一自然。

但自然是什麼？為何習俗不是自然的？

我很怕這個自然本身會不會只是某種最初的習俗，一如習俗只是某種次級的自然。

摘文二：

我看過各式各樣的國家與人民發生改變。因此，正是在關於「何謂真正的正義」的判斷改變之後，我了解到我們的天性（自然）不過是持續的變化，這觀點我再也沒改變過。

[…]習俗只是因為它是習俗而被遵守，而不是因為習俗合理而且是正當的，但是人們之所以遵從習俗，只是他們相信且認為習俗是正當的。

巴斯卡，《沉思錄》，P. Sellier 譯本，n° 453-454，口袋版，2008，111-112、316-318 頁。

關鍵字區分

相信（croire）／認識（savoir）

最為明智的人尊重習慣的約定俗成，並認識到習慣在根本上並沒有那麼自然。但那些無此識見的人則需要相信（幻想）這些習慣有其價值才會服從。

Q：在什麼樣的程度範圍內，習俗會是「次級的自然」？
Q：缺乏自然的基礎是否表示要棄絕道德？

文本閱讀 1-3

笛卡兒

荷內・笛卡兒
René Descartes
1623-1662

必須遵循習俗，同時保留某種批判的距離

笛卡兒在尋找務實規範的過程中，認為要遵循他所接受的習俗與教育，但又不能受其蒙蔽。

第一條準則是[1]：服從我的國家的法律與習俗，永遠持守神出於恩典讓我從小領受的宗教，而在其他一切事情上，則遵循最穩健、最不極端的意見，這是我周遭最明智的人在實踐中所共同獲得的。一開始我完全不考慮自己的意見，是由於我想全部重新檢驗過這些意思，才能確信我是盡力遵循最明智之人的意見。儘管波斯人和漢人的智者或許和我們這裡一樣多，在我看來，還是根據我要一起生活的人來自我調整最有效。[…] 在同樣接收到的意見當中，我只選擇最溫和穩重的，一方面是因為這在現實上總是最方便的，也很可能是最好的，另一方面，一切極端的通常總是不好的。[…] 值得一提的是，我將承諾放在極端之列，人們由於承諾而減損了他們的某些自由。我看到，世上沒有東西會永遠保持原本的狀態，特別是對我而言，我會讓自己的判斷越來越好，而不是變得更糟，如果我過去贊同某事，而後來事情變了，不再是好的或是我也不再認為是好的，而我還必須當作好事，那我就違背正常的判斷而犯下大錯了。

笛卡兒，《論方法》，第三部

1 | 在《論方法》的第三部分，笛卡兒列出了幾條他想要遵循的規範。

Q：道德教育為何被描述為相對的？
Q：採納某種道德是否表示放棄反思的自由？
Q：個人運用自己的道德原則時，為何必須適度節制？

Q2：道德規範能容許例外嗎？

我們能自動辨認出一般態度中某些道德或是不道德的特徵。但在各式各樣的特定情況中，道德責任難道不是採納它自己的判斷標準，甚至得容許某些例外？

一個有例外的規範並非道德

文本閱讀 2-1

康德

依曼努爾·康德 Emmanuel Kant
1724-1804

文中，康德思考：在知道無法履行承諾的情況下作出承諾，在道德上是否可為此辯護？一個預先接受例外的規範是否合理？

例如這個問題：在困境中，我能不能做出我無意履行的承諾？在此，我可以輕易區分出這個問題可能具有的不同涵義：做出虛假的承諾，是否是聰明的？抑或是符合義務的？無疑的，前者可能較常發生。事實上，我很清楚，光靠這種手段並不足以讓我擺脫眼前的困境，我還得仔細考慮，撒這個謊，爾後所帶來的困擾，會不會比我當下解除的麻煩更大？既然我自詡的一切精打細算，後果都不是那麼容易預見。一旦我失去了他人的信賴，結果比起我此刻想避免的損害可能更不利得多。那麼，在這時候我得考慮一下，在此根據某種普遍的主觀格律 1 行動，並養成「無意履行便不承諾」的習慣，是否更為聰明？

然而，我很快就明白：這種主觀格律，始終以所擔心的後果作為依據。然而，出於義務的誠實和出於擔心不利後果的誠實，兩者截然不同。

[…] 然而，獲得「一個欺騙的承諾是否符合義務」這個問題的答案，最快且確實可靠的方法就是問自己：當自己的主觀格律（透過某種不實的承諾使自己擺脫困境）成為某種應然的（對我和他人一樣有效的）普遍法則後，我是否會滿意？我真能對自己說：每個身處困境又無計可施的人，均可作出不實的承諾？於是我很快便會意識到，我固然能夠意願撒謊 2 ，也無法意願讓撒謊成為普遍法則。因為按照這樣的法則，根本不會存在任何承諾，因為對那些不相信我所言的人表示我未來行動的意志，將變得毫無意義，或者，即使他們輕率地相信了我的表示，仍會以同樣的方式對待我。由此可見，我的主觀格律一旦樹立為普遍法則，它必然會摧毀自己。

因此，我根本不需要高度的洞察力便能知道我該做什麼才能讓我的意志在道德上是善的。儘管對世事的變遷毫無經驗，儘管無能沉著應對這個世界所發生的所有變故，我只需捫心自問：你是否能夠意願讓你的主觀格律變成普遍法則？若是不能，那就該拋棄這項主觀格律。並不是因為它會損害你甚至其他人，而是因為這項主觀格律無法作為原則而適用於可能的普遍立法。

康德，《道德形而上學的基礎》，第一部 [402-403]，（本文根據德文校譯）

1 | 某種個人所採納，用以框限其意圖並預先指引其決定的規範。

2 | 我能選擇撒謊。

Q：下列兩種公式的差異是什麼？

　　——只做我們確定能夠履行的承諾，這才是審慎之舉

　　——不論我們做了什麼承諾，都得履行，這樣才是道德的

Q：請從上述文本中找出康德堅持道德行動的相對單純性的段落。你同意他的假說嗎？

文本閱讀 2-2

亞里斯多德

亞里斯多德 Aristote
公元前384-322

道德行為必須衡量其現實後果

亞里斯多德將實踐某種天賦理智的德性稱為審慎（或實踐的智慧），這種德性能讓我們在各種處境中盡可能合乎道德地行動。這種品質包含了某種內在深思的方式，個人透過這種方式來衡量某個決定的困難與後果。

Q：既然我們必須在具體的處境中行動，那道德原則能做什麼？

亞里斯多德手持倫理學課本，《雅典學院》（局部），拉斐爾，1509年，收藏於梵蒂岡博物館。

我們要理解實踐智慧的本質，其中一個方式是仔細查看那些被我們稱為[具有實踐智慧的]明智者。一般而言，一個明智的人能夠正確地思慮並決定對自己而言什麼是善的和有益的，不是針對局部方面，例如什麼有利於健康或是體魄強健，而是總體的角度而言，什麼樣的事物與能過得好的生活有關聯。（NE第六書第五章1140a24-1140a30）

[…]我們行動的原則就是我們行動的目的；但是那些被快樂或是痛苦所敗壞的人，無法正確看見原則，也無法看見這[原則]應該是目的，以及這[原則]應該是他所有選擇與行動的原因。因為惡對原則而言具有破壞性。（NE第六書第五章1140b16-1140b19）

[…]然而，實踐智慧關乎人的事物，也關於乎人們應思慮的事物：因為我們說好好思慮並做出決定是明智者的主要功能；然而沒有人會思慮那些不會改變的事物，也不會思慮那些無目的之事物，而目的正是可實現的善。一個無條件地好的思慮者能夠根據理性追求對人類而言最好的行動。

實踐智慧針對的不只是普遍事物，也應該對具體個別事物有所認識，因為它是實踐行動的，而實踐行動是關乎具體個別事物。也因此，某些對於普遍事物沒有知識的人，會比其他對普遍事物有知識的人更有實踐能力，在其它方面有經驗的人亦然。（NE第六書第七章1141b9-1141b17）

亞里斯多德，《尼各馬科倫理學》，第六書，第五、第七章，根據原文校譯。

理解命題的論據──文本閱讀2-2

命題：道德德性的實踐在於審慎思考，也就是在各種處境下將特殊情況納入考量並衡量我們行動的後果的能力。

論據一：若不將後果納入考量，判斷我們的行動便毫無意義。▶Q：在多大程度上，一項行動有多自由有賴於行動有多少反思？

論據二：舉凡我們應該決定行動的情境，都是個別而不明確的情境。▶Q：我們應該做決定的情境，和我們必須運用科學法則的情境，是由什麼來區分？

論據三：有經驗的事實有益於實踐道德上的審慎。▶Q：有經驗是否意味著一成不變地運用同樣規範？

確實理解了嗎？ 在什麼情況下，他人對於我們在道德方面的審慎思考能有所裨益？為何他人的行為可以作為我們的榜樣？

進階問題思考

PASSERELLE

Q3：國家是否應該對公民施行道德教化？ ▶見第
一冊的〈國家〉

1. 國家應該培養未來公民共同生活的能力

根據亞里斯多德（▶見文本閱讀3-1，12頁），教育是城邦團結與幸福的條件，目的並不在於個人的成功，而在於傳播共同價值。

2. 國家傳播價值卻不妨害自由

根據羅爾斯（▶見文本閱讀3-2，13頁），藉由公正的公共機構，公民能發展出某種道德感，而無需喪失自由人的地位。

公民應該共享相同的道德價值

文本閱讀 3-1

亞里斯多德

亞里斯多德 Aristote
公元前384-322

亞里斯多德把公民的道德教育視為國家的主要任務。這裡指的是傳播各種對集體福祉有益的共同價值。

因此，立法者[1]首要應該關注年輕人的教育，這是無可爭議的。
(政治學第八書第一章 1337a11-12)

[…] 再者，關於所有能力與技藝，預先教育與習慣養成是必要的，而德性活動顯然也是一樣。既然整個城邦只有一個目的，那顯然所有人的教育必定是相同的，而這種教導關照也必須是相同的，並非像當前這樣每個人以私人的方式教導自己的子女，隨個人所認為最好的施教。那麼關於公共事務的訓練應該也是共同的。同時也不應該認為任何公民都只屬於自己，而應該認為所有人都屬於城邦，因為每個人都是城邦的一部分。對於整體的教導關照本質上就是對於每個部分的教導關照。(政治學第八書第一章1337a19-30)

亞里斯多德，《政治學》，第八書，根據原文校譯

1 | 意即政治權威

Q：在一個教育體系底下，培養「屬於自己」的個人和培養「屬於城
　　邦」的個人，兩者的差異是什麼？
Q：「所有城邦都只有一個目的」，這個觀點是否危害到個人自由？

公民教育有助於平等

文本閱讀 3-2

羅爾斯

約翰・羅爾斯 John Rawls
1921-2002

羅爾斯屬於自由主義傳統，主張限制國家對個人的干預。然而他也承認教育具有某種政治功能。

如果在一個良序社會[1]中，公民承認彼此是自由且平等的，基本制度[2]就應該教育他們如此設想自己，並且公開展示與鼓勵此一政治正義的理想。[…]熟悉這種公共文化並參與其中，是公民學習設想自身是自由與平等的方法之一。

[…]基本結構包含了某些社會制度，在其中，人們能夠發展自身的道德能力，並成為由自由平等公民所組成的社會裡充分合作的成員。[…]這種結構能提升人們樂觀的態度與對自身未來的信心，以及在公共原則下被公平對待的感受。

羅爾斯，《作為公正的正義》
本文根據英文校譯

1 | 這指的是一個根據公正原則組織起來的社會，這樣的社會透過應用這些原則，改正社會不公的影響，保障對公民權利的尊重。

2 | 這指的是國家（État），但也指國家的各種機構，此處指的首先是教育體系。

長文閱讀

TEXTES LONG

尼采:《道德系譜學》,〈第二篇〉

口試

> **道德是種矯正嗎?**

1. 應該恢復道德意識的歷史起源

道德以某種內在的形式呈現,例如某種負罪感,或是決定履行某種承諾等等。從自然的機制出發,這種內在的強制能力是如何形成的,似乎難以理解。在《道德系譜學》中,尼采試圖理解道德意識發展的真實歷史條件。

2. 只有確實矯正,道德意識才能得到發展

綜觀各時代與文明,我們不能忽略各種施行在人類身上的規訓方法,例如虐待、處決等等。這種道德矯正可以從自然現實得到理解:為了生存和宰制他人而進行的鬥爭。一旦道德價值得到確立,便會與生命進程對立,抑制肉身的能量,這幾乎可說是種疾病。

| 宗教法庭焚燒異教徒,細密畫,中世紀,收藏於土魯斯市立圖書館。

Q:在歷史上,道德原則大多是如何強加到社會上的?

長文閱讀

尼采

費德利希・尼采 Friedrich Nietzsche
1844-1900

作品介紹

《道德系譜學》是尼采的作品,出版於1887年。本書主旨在於理解作為動物的人類如何變成能夠遵循道德的存在之歷史過程。從生物學的觀點來看,人類由衝動構成,完全沒有內在約束的傾向,他的生命價值與道德價值甚至是有所對立的。生命價值驅使身體不斷改變並肯定身體的能量,道德價值則鼓勵約束和出世傾向。因此有必要確實去矯正人性,將人身上的動物性能量轉移,人因而以衰弱與腐化告終。

承諾的能力變成了人類作為道德存有的特徵,這種能力並沒有自然的根源。 ▶

1. 將一隻動物培育成可以做出承諾——這不正是自然在關於人的問題上為自己設立的矛盾任務嗎?這難道不是從人那裡來的最根本的問題嗎?……對於完全知道該如何評價其對立力量(即遺忘的力量)的人而言,這個問題在很大的程度上得到解決,必然是令他們感

到驚訝的。遺忘並不只是慣性力[1]，如膚淺者所認為的那樣，更是某種主動的、在最嚴格意義上正面的阻擋能力，影響了那些我們所經驗的、所體驗的、被納入我們自身的、在消化的狀態（亦可稱之為「併入靈魂」[成為靈魂的一部分]）而很少進入意識當中的，如同我們的肉體吸收營養——所謂的併入肉體[成為肉體的一部分]——所呈現出來千變萬化的過程一樣。意識的門窗被暫時封閉，以避免嘈雜與紛爭的打擾，那些我們服務性的官能世界贊成或對立於彼此而產生的嘈雜與紛爭：有了些許的安靜、意識些許的空白，才能讓出位置給新的事物，尤其是讓位給那些高等的官能與主事者，讓位給支配、預測、規劃（因為我們的有機體被設置成寡頭政治）——如前所說，這是主動遺忘的用處，就像門衛一樣，遺忘是一個靈魂秩序、安靜、規則的維持者：這是顯而易見的，在某種程度上，沒有遺忘可能就沒有幸福、愉快、希望、驕傲、當下。當一個人的這種阻擋機制受損或中斷，他就如同一個消化不良[2]的人（並且不僅僅是如同——），將無法「完成」任何事……

相反地，遺忘是種維生機能。在此遺忘包含了從無意識的必要生理過程到同化與機體穩定的過程。

[1] 意即某種自發傾向，因此是非自願的力量。

[2] 消化不良（dyspepsie）是種消化道－腸道疾病。

　　人就是這個必然遺忘的動物，在人身上遺忘代表一種力量，一種強大健康的形式。人在自身培植出一種對立的能力，一種記憶，藉著它的幫助，在一定情況下，遺忘被擱置，——即在應當承諾的情況下。因此，那個使人一無所成者，不可能僅僅是對過去已刻入印象的被動的無法擺脫，不僅僅是對過去某個誓言的無法釋懷，而是主動的不願擺脫的意欲，是對於曾經意欲的事物的持續意欲，是真正意志的記憶。如此，在原來的「我想要」、「我將做」和意志實際上的爆發（即它的行動）之間可以無需思量地置入某種世界，某種充滿新的陌生事物、情況與意志行動自身之世界，而無需切斷這條漫長的意志鎖鏈。然而，這一切預設了什麼！為了在一定程度上預先支配未來，人首先必須學會從偶然事件中區分出必然事件，學會因果式地思考、視未來如當下並且預先認識什麼是目的、什麼是為此的手段，能夠確切地預估、計算與估算，——為此，人自己首先必須成為可估算的、規律的、必然的，包括對自己的理解，為了最終能夠像一個承諾者所做的一樣，確切預知他自己如同預知未來！[KSA 5, 291-292]

承諾的能力，意味著記憶的某種積極形式。這所指為何？

做出保證的能力，讓我們能了解責任概念的出現。

　　2. 這就是責任起源的漫長歷史。一如我們已經認識到的，那個將動物培育成有權力去承諾的任務包括了作為條件與準備工作的近程任務，亦即使得人在一定的程度上成為必然的、單一的、與同類相似的、規律的和最後成為可估算的。這巨大的被我稱之為「習俗的道德」的工作（▶參見《朝霞》，第7、13、16頁）——這份人類在漫長的人類史中對自身所做的真正工作，他整個史前的工作在此獲得了意義、巨大的合法性，無論此工作包含多少冷酷、暴虐、駑鈍與愚蠢：藉著「習俗的道德」及社會的強制外衣的幫助，人真的被造就成為可估算的。

「風俗道德」指的是被描繪為某種訓練的社會生活。

相反的，讓我們站在這個巨大過程的終點，在那裡，大樹結出了果實，社會性及其習俗的道德終於暴露出它們作為手段背後的目的：如此，在它們的大樹上我們找到了作為最成熟果實的「獨立自主的個體」，那個只與自身相同者，那個再次擺脫了習俗的道德之人，那自律的、超越習俗的個體（因為「自律」與「習俗」相互排斥）。簡而言之，那個具有自己的獨立與長期意志的人，那個有權力承諾者——在他身上有一種驕傲的、在所有肌肉中顫動著的意識，意識到在那裡他最終得到的以及已化成他自己的一部分的那些，一種真正的力量意識與自由意識，就是人類的完滿感受。

> 這種訓練似乎產生了某種存有，具有更優越的人性，擁有對自己的主權（une souveraineté sur lui-même）。

這個成為自由者，這個真正可以承諾的人，這個自由意志的主人，這個獨立自主者——他怎麼會不知道，他因此在哪些優勢上勝過一切無法承諾以及無法估算自己的人，他喚醒了多少的信任、多少的恐懼、多少的敬畏——這三者都是他應得的——並且藉著這個對自己的控制，他又是如何將對環境的控制、對自然和所有意志薄弱者以及不可信任者的控制必然地握在手中？這個自由的人、這個漫長未曾中斷的意志之擁有者在這個擁有上也有著自己的價值標準：由自身出發去看待他者，尊敬他或蔑視他；正因如此，他必然尊重與自己相同者，那些強者以及可信賴者（那些有權力承諾者）。[…]——同樣地他也必然準備好踢瘦弱的輕浮者一腳，即那些沒有權力卻許諾者，對於那些誓言才剛說出口就立刻違背的欺騙者，他也準備好了他的管教鞭子。這種對於責任非比尋常之特權的驕傲認識、對於這種罕有的自由、這種對於自己和命運的權力意識，這些在他身上都沉入他的最深處並且成為他的本能，成為主導的本能：——當他必須用一個詞來指稱這個主導本能時，他將如何稱呼它？毫無疑問：這個獨立自主的人稱它為他的良心……[KSA 5, 293-294]

> 這種更優越的人性給了他某種對自己的優越性和價值的感受力。

> 道德訓練首先是肯定某種統治菁英的方法。

3. 他的良心？…可以預料到，良心這個概念——在此我們面對的是它最高、幾乎是最令人驚訝的形式結構——在它背後已有著漫長的歷史以及形式轉變。有權力估算自己，並且驕傲地有權力肯定自己——如前所述，這是一顆成熟的果實，但是一顆遲來的果實：——這個果實必須酸澀地在樹上懸掛多久的時間！而且在這之前漫長的歲月中完全不見這般果實，——沒有人能夠承諾它的出現，即使樹上的一切都已準備好，而且正是為了這顆果實而生長！——「如何使人類動物能夠記憶？如何在這種半是驚鈍半是浮躁的片刻知性理解中、在這個遺忘的化身中刻印下某事物，使得該事物能夠保持在當下的狀態？」…

> 責任感不是別的，而是某種良知。因此，對尼采而言，道德良知是先天固有的還是後天獲得的？

可想而知，這個古老的問題並不是用溫和的答案與手段解決；或許在整個人類史前歷史中沒有任何事物比它的記憶術[3]更加可怕、更加陰森。「烙印下某事物，為了讓它停留在記憶中。只有不間斷造成痛苦的東西能夠保留在記憶中」——這是世界上所有最古老的（可惜

> 尼采再次描繪了道德化的過程，強調「道德化」現實的方式。

也是最久遠的）心理學的主要定律。人們甚至可以說，只要世界上有任何地方的人與民族的生活中還存在著莊重、嚴肅、隱晦、陰暗的色彩，那裏就有著由恐怖而生的某物持續在作用，從前世界各處都伴隨著這種恐怖而被承諾、被擔保與被贊美：每當我們變得嚴肅時，那悠遠、深沉與嚴苛的過往便對著我們低語、湧現在我們心中。每當人認為記憶是必要時，從來都免不了鮮血、折磨與犧牲；駭人聽聞的犧牲與典當（頭生子的祭獻就屬此類），最令人作嘔的殘害（例如閹割），所有宗教祭禮中最殘酷的宗教儀式（所有的宗教就其最根本而言都是殘酷的體系）——　這些所有都起源於那一個本能，那個本能發現了，幫助記憶最有力的手段就在痛苦之中。[KSA 5, 294-295]

尼采，《道德系譜學》，〈第二論〉，段落一至三，根據德文本校譯

「風俗道德」指的是被描繪為某種訓練的社會生活。

3 | Mnémotechnique，記憶的技術與方法，在本文中，這些技術與方法建立在進行某種持久的束縛之上。

口試問題

1. 道德教育是否都必然具有某種形式的訓練？
2. 就生命的生物學定義而言，一切教訓人的道德形式，在多大的程度上與生命對立？
3. 是不是沒有生物學的基礎，就該放棄建構道德？

延伸思考

OUVERTURE

1 | éthique de la vertu，根植於亞里斯多德的倫理學。德性指的是個人發展出在特定處境中做更好決定的能力。

2 | éthique déontologique，將道德建立在放諸四海而皆準的義務之上。康德是主要的代表。

定義

道德與我們一般對善惡區分有關。倫理學指的是道德面對具體而殊異的應用領域（例如醫療、商業、性傾向、運動、環境等領域中）所遇到的衝突時，進行道德反思的努力。

定義

效益主義的傳統，最早源自十八世紀末邊沁，再來是十九世紀初的彌爾。這個傳統的道德判準是追求可能範圍的最大效益，也就是相關的感性存有的總體福祉。

哲學時事

訪談：道德哲學對倫理的論辯有什麼貢獻？

彼得・辛格（Peter Singer，以下簡稱「辛」）是澳洲哲學家，他反思的倫理問題是動物權利、安樂死與胚胎的使用，以及反抗貧窮的鬥爭。他的見解是建立在「效益主義」的道德哲學傳統。

哲學雜誌（以下簡稱《哲》）：德性倫理學[1]和義務倫理學[2]與您所捍衛的效益主義，各為西方古典哲學的三大倫理學傳統之一。您的主張包括哪些內容？

辛：效益主義者透過檢視自身行動的後果來判斷行動的善惡。他們也同樣主張，在其他條件相同的情況下，我們永遠應該採取的行動，是對於受我們行動所影響的男男女女而言，會產生最佳後果的行動。效益主義者支持的是，當我們在說到責任或是德性時，我們所斷言的事，應該重新放回效益主義的觀點來看。意思是：一件事情是善的，是因為做這件事能獲得最好的結果，而一件事只有在我們能期待其實踐可獲得最好的結果時，才會是一項義務。

《哲》：在倫理學大傳統的核心，像是自主性與理性等範疇，對效益主義者而言占有什麼樣的位置？

辛：理性位於效益主義的核心，因為我們應該理性思考，以便從各種可能的行動中，決定哪個行動可以獲得最好的結果。此外，如果我們是哲學家，我們就能試著運用理性，賦予效益主義本身某種理性基礎。不過不是所有的效益主義者都認為這是件有可能完成的事 […]

《哲》：根據您的觀點，對於您一直以來提出的這些困難的問題，哲學的貢獻是？

辛：哲學最大的貢獻是提升公共論壇中的論辯水準。事實上，在最好的情況下，哲學在倫理中確立高度嚴格的準則。哲學應該闡明——而非遮蔽——當前的重大問題，以及應該透過某種每個人都能理解的語言來這麼做。既然哲學家傾向於提出令人尷尬的問題，挑戰我們以為或先入為主的想法，他就能引出更新、更好的觀點。

彼得・辛格與諾曼・貝拉傑的對談。
《哲學雜誌》，2009 年 10 月號，60-64 頁。

反思哲學問題的現實性

為了處理以下主題：「道德經過反思是否會變得更好？」本文有助於區分反思性的道德與直覺式的道德。

a- 根據盧梭的文本（▶見文本閱讀1-1，6頁），在多大的程度上，對他人受苦的同情是自發的道德反應？

b- 作者提倡的效益主義內容為何，可以用來檢視我們的道德直覺嗎？

精神分析

道德意識如何內化？

父母親在形塑道德意識上所扮演的角色

文本閱讀

佛洛伊德

西格蒙德・佛洛伊德　Sigmund Freud
1856-1939

　　佛洛伊德將道德意識定義為某種理想的自我，或稱超我，這是透過伊底帕斯情結來形塑，也就是當兒童放棄實現對父母的某種欲望衝動，就出現了理想的自我。

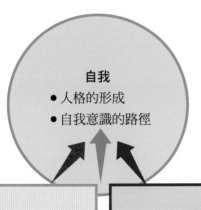

自我
● 人格的形成
● 自我意識的路徑

本我

在伊底帕斯情結中
以父母為對象的
天生的原初欲望衝動

超我
（理想自我）

由對原初欲望衝動的禁止
所構成
（罪惡感的誕生）

| 佛洛伊德的第二解釋圖，概括解釋道德意識的形成

然而超我並不只是本我原初選擇的殘餘，還代表了形成反作用力去反對這些原初選擇[1]。超我與自我的關係不是以下的告誡能完全說明的，即你應當如此（像你父親一樣）；超我與自我的關係還包含了某種禁令：你沒有權利這樣（像你父親），也就是說你沒有權利做他所做的事情；某些事情是專屬於他的[2]。理想自我的這種雙重面貌來自於一個事實，即理想的自我竭盡所能要壓抑伊底帕斯情結，甚至理想自我的誕生應該要歸功於它打倒了伊底帕斯情結。要抑制伊底帕斯情結，顯然並不容易。父母親，特別是父親，被視為實現伊底帕斯欲望的障礙，之後像孩子般的自我為了壓抑這種欲望，便在自己內在樹立起同樣的障礙，從而讓自己變得更強壯。他以某種方式模仿父親身上的必要力量，而模仿的行為，後果特別重大。超我保存了父親的特徵：先前的伊底帕斯情結越強，壓抑產生得越快（在權威、宗教教導、教育、閱讀的影響下），隨後超我對自我的支配就越嚴厲，而如同道德意識，或甚至是無意識的罪惡感。

[…] 既然自我會和自我的理想比較，那他對自己的不足所做的判斷，便會產生宗教般的卑微感，信徒在懷舊的虔誠中正是求助於此。

在此之後的發展過程中，教師與權威繼續扮演父親的角色，他們的命令與各種禁令對於理想自我而言依舊強而有力，並透過道德意識的形式開始施行道德審查。在道德意識約束與自我實現之間的張力，被感受為罪惡感。社會感正是建立在對他人的認同之上，以相同的理想自我為基礎。宗教、道德與社會感——人身上最高等的主要內容——原本就是同一個東西。

佛洛伊德，《自我與本我》，根據德文本校譯

練習：道德意識的內化

1. 從文中找出表徵三個心理現象「位置」（本我、自我、超我或理想自我）的主張。
2. 當自我放棄了伊底帕斯情結的衝動，超我如何從中形成？
3. 除了道德意識，佛洛伊德用超我解釋的是哪種信仰？

練習1　掌握詞彙

1. 從康德討論過的範例（「你不該做出自己明知無法履行的承諾」，見文本閱讀2-1，9頁），提出其他能夠構成道德規則的一般陳述。
2. 為每項一般陳述想像一個無法成立的特殊情況。
3. 一個社群的成員雖然共享一些道德規則，但某些規則卻還是特殊個別的。請解釋。
4. 在什麼條件下，我們能夠肯定某項道德規則具有普遍性？

練習2　文學範例運用 ▶ 見本冊的〈自由〉

在集中營裡，一個年輕的波蘭女囚犯正面對極端困難的抉擇：她的兩個孩子正要被送進煤氣室，但有人給了她一個提議。

「妳可以留下一個小孩。」

蘇菲說：「什麼？」

那人重說了一次：「妳可以留下一個孩子，另一個得送走。妳想留下哪一個？」

「您的意思是，要我選？」

「妳是波蘭人，而不是猶太人。這給了妳特殊優待——妳可以選擇。」

她的思考逐漸減緩，停滯。突然間，她感覺到自己的雙腿在抖。

她開始嚎啕大喊：「我沒法選！我不能選！」

醫生警覺到他們已經引起了不必要的注意：

他下令：「閉嘴！快點，看在老天的份上，選一個，不然我兩個都送走。快選！」

她不敢相信這會是真的。她不敢相信自己正跪在混凝土地板上，凹凸不平的地面咬著她的皮膚，兩個孩子緊抱在懷裡，直到他們幾乎要喘不過氣來，力量之大，彷彿就算他們身上披著粗厚大衣，她的肌肉也要融入他們的身體。一種難以置信、令人發狂的錯亂，壓垮了她 […]

她喃喃自語地抗辯著：「別逼我選，我沒辦法選。」

威廉·斯泰隆，《蘇菲的抉擇》，
M. Rambaud譯本，Gallimard，1981，594頁。

1. 納粹軍醫給予蘇菲機會，讓她在兩個孩子中選擇拯救一個。如何描述軍醫的動機？
2. 如果蘇菲應該拒絕在兩個孩子中選擇一個，理由為何？我們能提出什麼反對意見？
3. 相反地，如果蘇菲應該在兩個孩子中選擇救一個，理由為何？我們能提出什麼反對意見？
4. 如果蘇菲選擇救一個孩子，是否有道德上可以成立的標準，去決定她應該這麼選擇？

5. 在這樣的處境下，蘇菲的選擇自由表現出什麼特點？從這個例子出發，針對下述主題，草擬一段論述：「自由指的是有選擇的權力嗎？」

練習3 分析一幅藝術作品

|《草地上的午餐》，馬奈，1863年，油畫（208×264公分），收藏於巴黎奧賽美術館。

1. 既然大量的學院作品（即被正式承認為典範並屬於先前時期的作品）都有裸體，這幅畫為何會冒犯到馬奈同時代人的道德觀？
2. 這幅畫今天是否還會引起公憤？我們又如何推斷？
3. 違犯社會規則與道德習俗是藝術創作的根本任務嗎？
4. 藝術是否因此與所有形式的道德教育對立？

練習3試答

1. 古希臘或是文藝復興的繪畫有大量的裸體，但經常是表現現實之外的神話人物。此外，這些人物都表現出某種完美的特色，因此其裸體並不被認為是缺乏羞恥或是誘發了邪惡。相反地，《草地上的午餐》的表現手法是寫實的，裸露的身體可以是現實存在的女人的身體，而因為畫中的男人都穿著衣服，裸體就更明顯，因而激起更大的反感。

2. 有鑑於習俗演進與審查的減少，這幅畫今天已經不會再引起公憤。每天都有數千名旅客在奧賽美術館觀賞這幅畫。對於裸體的描繪，寬容的極限似乎提高了。更一般地說，一個社會對冒犯與否所界定的邊界總是可以改變的。

3. 藝術創作的功能之一，正是透過探索邊界甚至超越界限去檢視界限。在十九世紀，有大量的藝術作品衝擊主流的中產階級道德，也因此，中產階級道德在二十世紀便逐漸失去了影響力。文學角色經常顯示某些行為的極端特徵，但正是這點引起人們的興趣與公共的反思，也包括人們感到震驚的時候。

4. 並非所有作品都有挑釁或冒犯的企圖，某些作品甚至還會試圖傳遞某種符合主流道德觀的教訓。但最重要的是，檢驗規則與社會習俗，不一定表示要放棄一切道德規範，也有可能是反思並意識到道德規範必要性。

綜合整理

定義

道德是一整套對於行為與價值觀的規範，伴隨著某種對於什麼是善與惡的描繪。這種描繪沒有明確的起源，但道德有助於個人評判自己與他人的行動。

提問 Q1：道德是建立在習俗之上嗎？

癥結

所有人類社會都有一套道德規範，只是形式非常多元。因此，道德或許只是與文化或歷史發展有關。

答題方向

根據盧梭的看法，同情的天性在人類身上構成了自然道德。
根據巴斯卡的看法，道德信仰的極端多樣性正是其文化根源的證據。

引述

「同情是種自然的情感 […] 促進所有人之間相互保存的活動。」（盧梭，《論人類不平等的起源與基礎》）
「我們的自然原則如果不是我們習俗的原則，還會是什麼？」（巴斯卡，《沉思錄》）

提問 Q2：道德規範能容許例外嗎？

癥結

在必須做出決定的情況下，我們期待道德能幫助我們。然而一項道德規範的應用可能會導致的惡有時可能比善更大。

答題方向

根據康德的看法，一項規範的價值在於其普世性。
對亞里斯多德而言，某種德性的實踐強調在各種特定處境下審慎估量我們行動的後果。

引述

「我固然能夠去撒謊，也無法讓撒謊成為普遍法則。」（康德，《道德形而上學的基礎》）
「一個好的深思者是 […] 使盡全力要抵達對人類而言最好的、可實現的善。」（亞里斯多德，《尼各馬可倫理學》）

論文練習：分析以下主題

■ 我們是否能夠客觀地判斷某個文化的價值？（科學組，2006）
■ 我們是否只對於被我們認為是好的東西有欲望？（社經組，2002）
■ 正義的要求與自由的要求是否可以分開？（文學組，2002）
■ 熱情是否妨礙我們履行義務？（科學組，2000）

2 | 自由

絕對的自由：烏托邦？

拉伯雷在《巨人傳》(Gargantua) 中，曾經想像過一座超凡的「美善修道院」，在這座修道院裡，絕對自由取代了傳統規則，就如支持這種自由的格言所述：「做你想做的事。」

他們的一生並不受法律、法令或規範指導，而是根據他們的善良意願和自由意志。他們在自己覺得合適的時候起床、喝酒、吃飯、工作，入睡也憑興之所至。沒有人能叫醒他們，沒有人能強迫他們喝酒、吃飯，或是做任何事情……這就是高康大 (Gargantua) 所訂立下的規則。他們一切的規則都在這項條文當中：做你想做的事。

因為人只要是自由的、出身良好、教育良好、交往正派，自然就有一種本能刺激他永遠趨近德性、遠離罪惡。這就是人們所謂的榮譽感。這些人，當他們被征服而在受束縛[1]的生活中受到傾軋、被迫為奴時，會以他們對自由的高貴情感而轉向美德，好解除、違抗奴役的枷鎖。因為我們總是會想做被禁止的事情，覬覦我們得不到的東西。

因著這種自由，他們進入了某種令人稱許的競爭，只要能讓一個人高興，他們什麼都會做。如果有個人說：「喝酒。」所有人都喝酒。如果有人說：「玩遊戲。」所有人都玩遊戲。如果有人說：「我們到田野中玩耍吧！」所有人都會加入。

1 | 一種可鄙的宰制

拉伯雷，《巨人傳》，1534，現代法文改寫：O. Gechter。

一般看法	思考之後
自由是自發的、不經大腦的、利己的	**自由需要學習**
「自由止於他人的自由開始之處」，我們經常聽人複述這句話。在內心深處，每個人都想自由地做任何自己喜歡的事，但不想讓其他人這麼做，因為這最終會回過頭來牴觸自己的自由。我們也很容易就能猜到，某種絕對的自由是難以維繫的，因為這會讓每個人各行其是，無視自己的同類。	對拉伯雷而言，失去自由會產生惡，而充分、完整的自由才能帶來正直的品性。然而，這指的是美善修道院裡那種集體的自由，由經過精挑細選、「出身良好、教育良好」的個人所組成的集體，換句話說，就是一群道德高尚又教養優秀的年輕貴族。自由是否應該保留給真正懂得自由的人，意即受過良好教育的人？人在能夠真正活得自由之前，是否應該學習如何自由？

在一個和諧的社會裡，
如何能夠與他人一起生活，
又活得自由，沒有禁制或束縛？

從定義尋找問題意識

定義

自由就是使行動與自我一致的能力，且不受任何人干涉。

能力

　　自由只是種能力。因為在先天上，沒有人非得運用他的自由不可，確切地說，是因為他有這麼做或不做的自由。但此外，自由卻有不同程度與不同形式，是我們或多或少可以運用的：遷徙自由、言論自由、思想自由、宗教自由、結社自由等。

行動與自我一致

　　自由就是能實行自己的欲望和意志，以至於最終能夠自我實現。

不受任何人干涉

　　處於我和我的（物理、道德、司法等方面的）行動之間的、阻礙我的自由的一切，或是某種有妨礙的束縛。

> 「奴隸只要能支配他的欲望，就是自由人。自由人只要屈服於自己的享樂，就是奴隸。」——肯迪（Al-Kindi），公元796-873，中世紀阿拉伯著名哲學家。

定義提出什麼問題？

　　這個定義指出，重要的是行動與「自我」要一致。這個「自我」確切地說是指什麼？是我的個性、我的欲望，還是像人們常說的那樣，指我的意志？▶ Q1：自由是指做一切我們想做的事嗎？

　　如果沒有任何東西、任何人能夠影響自由的選擇，那所做的決定就不服從於任何理由動機，不被任何東西所限定。但是否可能有這樣的處境：在其中，沒有任何事物能將我們帶往這個或那個方向？在沒有理由或動機的情況下，我們能行動嗎？▶ Q2：我們是否擁有自由意志？

　　我們永遠可以選擇是否要行使我們的自由，甚至可以選擇是否服從他人。我們是否會為了避免承擔我們的自由，而想要逃避自由？▶ Q3：我們是否真的想要自由？

問題思考

―――――+―――――

COURS

「自由在於做法律允許之事。」──孟德斯鳩,《論法的精神》

關鍵字區分

普遍意志、公共意志（volonté générale）／特殊意志、個別意志（volonté particulière）

根據盧梭的看法,普遍意志／公共意志是一個共和國運作的根本概念,因為這是擁有主權的人民的表達。普遍意志／公共意志並非所有特殊意志／個別意志的加總,而其目的是為了做出最符合普遍公共利益的決定。

1｜Auto-nome,源自希臘文「自我」（autos）和「法律」（nomos）。

Q1：自由是指做一切我們想做的事嗎？

保羅·瓦勒里哀嘆:「自由是可憎的字眼之一,這種字眼的價值高過意義,唱得比說得大聲,問題比答案還要多。」(出自《觀乎今世》)。我們是否透過經驗就能知道自由所指的一切意義？

1. 做令人高興的事並非總是等於做自己想做的事

要解釋自由的意義,我們腦海中本能想起的第一個概念是:自由就是做一切我們想做的事,意即隨心所欲（▶見文本閱讀1-1,29頁）。這個定義提出了兩種困難:

──我們的自由如果只在於做一切我們想做的事,但在社會上,我們必須尊重其他人,那麼我們如何能夠自由？將自由定義為做一切我們想做之事的權力,等於認為只有離群索居才能讓我們自由,也就是我們在現實生活中幾乎永遠不會有自由。要不然我們就得將自由限制在我們被容許去做的事,而非我們可能可以做的事。

──有時會遇到這種情況:我們想要某個東西,卻在下一刻發覺我們想要另一個東西。如果我們的意志本身並不自由,那我們如何在做自己想做(或我們相信是自己想做)的事情時,宣稱自己是自由的？在這些條件下,問題變成了:意志要如何才能像拉伯雷所想的那樣,是自由而清晰的？這個問題未曾獲得解決,卻被迴避了。

2. 自由就是擺脫他人的意志

要充分感受自由,最重要的就是得經歷過受束縛的處境。當我們說「自由交流」、「言論自由」或是「自由落體」時,假設了自由乃在於沒有束縛、沒有障礙,簡言之,自由在於獨立。例如:「自由詩句」不服從任何規範(例如十二音律詩體),「自由的」動物是只靠自己存活的動物。這種將自由視為獨立於一切外在障礙的定義,和霍布斯所給的定義一致（▶見文本閱讀1-2,30頁）。

3. 自由就是能在自己的欲望中獨立自主

然而自由還假定了某種內在的理由,換言之,自由的主體本身就是其行動的原因。因此,盧梭並不把自由與律則所形成的依賴相互對立,而是把自由與奴役對立起來,被奴役所指的總是對另一個人的屈服。將共和國的普遍意志(或譯公共意志)視為主權權威而對其順服時,公民確實不是獨立的,但卻是自由的,因為他並不服從於任何外來的特殊意志(或譯個別意志)（▶見文本閱讀1-3,30頁）。此外,法律藉由解除他人的意志給予公民自由,因為他人的意志是唯一真正的壓迫者。自由的人應該依此被視為自我立法者[1],這樣的人想要律則,並根據他自願接受的律則來指引自己的行動,並管理

自己。例如：為了某個理由而投入一件事或是尊重自己的承諾。這樣，我們便是自由地行動。

然而，當我們服從自己時，我們如何確切定義這個我們服從的「自我」？我的衝動欲望（但這很可能只是一時的）、我的個性（但我對它的認識很少），還是我的理性（但這很有可能完全不屬於個人）？

Q2：我們是否擁有自由意志？

我們都有過做出決定的經驗，有能力說要或不要，或是推遲判斷，或是做這做那，或甚至什麼也不做。因此我們會覺得自己具有判斷及選擇的力量，並認為這種感受是難以否認的。然而，這種感受是否真的符合人類最高形式的自由？信任這種感受是否恰當？

1. 自由意志是否存在？

「自由意志」是以任意的方式做選擇的能力，且不受任何外在秩序所影響，也就是有意識的主體在做決定時的絕對自主性。然而，我們的行動是否可能不受任何外在原因推動？還是我們遺漏了外在原因？我們總是受到自己不知道的理由左右，自己卻意識不到這一點（▶見文本閱讀2-3，33頁）。因此，這種所謂的自由只是幻象。因為意識認得自身的各種欲望，卻會忽略決定這些欲望的各種原因。

2. 自由意志是否只是用來服務道德或是法律的人為手法？

因此，對自由意志的信念，或許首先是種思想上的要求，因為只有這種要求才能夠避免決定論甚至是宿命論。實際上，人們必須假定自由，好將自己的行動及其後果歸因於（意即讓責任歸屬於）自己（▶見文本閱讀2-1，32頁），當然這也會連帶讓個人產生罪咎感（▶見文本閱讀2-2，32頁）。因此，首先是道德（以及司法）方面的要求，使得自由意志不可或缺，好讓所有人都必須承擔自己行動責任的義務，意即必須負責的義務。

定義

> 決定論：這種學說認為，一切現象都產生於因果的必然連結，包括人類的意志。
>
> 宿命論：根據宿命論的學說，一切都是預先寫定，人類只能順服於命運，因此沒有自由存在的空間。

Q3：我們是否真的想要自由？

因此，自由的概念顯現出來的後果，比起初看來更為重大。假設所有人都想要自由或是更加自由，這種說法可以說是毫無根據。擺脫某種太讓人困擾不堪的自由，豈不是更有吸引力？

1. 我們可能喜歡受奴役甚於自由

在封建制度的君王或是暴君統治底下，拉・波埃西（La Boétie）已經驚訝地發現人們習慣於服從，然而他們大可輕易地起身反抗（▶見文本閱讀3-1，35頁）。這是因為自由令人恐懼嗎？其實這正是康德所證實的，藉由順從，人們發現任由別人為自己選擇和思考更為容易，康德為此感到憤慨。確實，為自己的自由承擔責任，同時勇於自己思考，這並不容易。然而，這些事沒有人能為我們代勞（▶見文本閱讀3-2，36頁）。

2. 苦惱與焦慮是自由應付的代價

活得自由並不容易，讓別人去負責則舒服得多。但希望藉此逃避自己的責任是徒勞的。沙特所說的「自欺」，指的就是找藉口合理化自己的選擇，逃避必須承擔的苦惱與焦慮，好裝作看不見這種責任。例如：躲在「這不是我的錯」或是「我不是故意的」等藉口背後，好進一步否認自己的責任。自由是種負擔，是必須一輩子肩負並承擔的重量。人類的處境是，我們注定是自由的（▶見文本閱讀3-3，37頁）。拋棄自己的自由，正如盧梭所說的，就是拋棄自己作為人的身分。

Q1：自由是指做一切我們想做的事嗎？

「我是自由的，我想做什麼就做什麼。」「這不干別人的事。」「這是我的選擇。」這些說法是真的在要求自由，還是只是任性的利己主義者的表達（若是不大聲宣稱自己只聽自己的話，他們可能害怕自己就不存在了）？

做我所想做的，還是想要我所做的？

這個世界是否應該屈服於我的願望？曾為奴隸的斯多噶派哲學家愛比克泰德的說明正好相反：智者若能充分地掌握自己，好讓自己的願望符合命運，那他就是自由（並幸福）的。

文本閱讀 1-1
————
愛比克泰德

愛比克泰德 Épictète
50-125

| 法布里斯・伊貝，《哭喊，書寫》，2007，金銅雕塑（370×95×30公分），收藏於法國巴黎市盧森堡公園。

有個瘋子跟我說，既然所謂自由的人，是指一切事情都照他的意思發生的人，那我也希望一切發生在我身上的都是我喜歡的事。唉，我的朋友，瘋狂和自由是永遠不會相配的。自由不單是美好的，還十分理智，但是任由輕率的欲望成形，又希望事情照我們預先所想的方式發生，沒有什麼比這更不理智的了。[…] 不，我的朋友，自由指的是事情發生時，我們想要的，不是照我們喜歡的樣子，而是照事情發生的樣子。

愛比克泰德，《對話錄》，Dacier 譯文，1715。

Q：為何愛比克泰德的對話者是個「瘋子」？
Q：為何自由是「理智的」？
Q：愛比克泰德是建議我們要順從宿命論嗎？

卡門：我不願受人折磨，更不願被人左右。我要的是自由，做我想做的事。
堂・何塞：妳是魔鬼嗎？
卡門：是。
——比才，《卡門》

定義

在古羅馬時期，被征服的民族以及欠債的人，或是做出不名譽行為的人，經常被貶為奴隸。因此他們的地位就處於物（可被買賣）與人（必須受到合適對待並可獲得自由）之間。

定義

許可／放縱

指的首先是自由做某事的權利（例如：執照是某種許可）。但在某種貶意，在某種過度、不理智並且對他人不利的情況下，也指對自由的濫用。放縱的人只照自己的喜好行動，以不受拘束的方式任由自己沉溺於欲望的支配，而這正是服從於欲望的方式，因此是種不自由的方式。

文本閱讀 1-2

霍布斯

托馬斯・霍布斯 Thomas Hobbes
1588-1679

自由是沒有束縛

　　自由是發揮時碰不到障礙的力量。但霍布斯為自由所下的定義，更多在於解釋自由不是什麼（或是相對於什麼），而非自由實際上是什麼。

　　自由（liberty 或 freedom）一字，準確地說指的是沒有反對者（opposition）。我所理解的「反對者」是運動中的外在阻礙，而且這種說法可用在缺乏理性或無生命的受造物上，一如運用在有理性的受造物上。不論什麼東西，一旦實際上受到束縛，或被包圍，以至於無法移動，如果這發生在一個被某個對立的外在物體所界定的空間之內，那我們就會說，這個東西沒有更往前進的自由。

　　正因此，關於被監禁或困在四壁之中或被鎖鏈束縛住的活物，或是受限於堤岸或容器而沒法流溢到更大空間的水，我們通常會說，這些東西不能自由自在地移動，不像沒有外在阻礙的時候那樣。

　　相反地，「自由的」和「自由」等字眼，若不用在可以運動的物體上，就是對語言的濫用。因為不能運動的東西無法碰見阻礙。

　　因此，舉例而言，當我們說「這條路可自由通行」時，我們說的並不是某種屬於這條路的自由，而是路過的人不會被阻擋。而當我們說到某種贈與是自由的，我們說的不是那贈品本身擁有自由，而是指捐贈者並非受限於法律或契約而這麼做。

霍布斯，《利維坦》第 21 節〈關於主體的自由〉，1651，根據原文校譯。

Q：請說明為何這段選文所討論的自由主要是運動的自由。

文本閱讀 1-3

盧梭

讓・雅克・盧梭
Jean-Jacques Rousseau
1712-1778

自由並非獨立

　　盧梭想說明，既自由又服從有時候是可能的，因為在他看來，真正的問題毋寧是：我們服從什麼或是服從誰？

　　人們徒勞地希望獨立與自由是同一件事。這兩者是如此不同，彼此甚至相互排斥。當所有人都做讓自己高興的事，我們就經常會做讓其他人不快的事，而這不能稱為自由的狀態。自由不在於依照自己的意願行動，而在於不需按照他人的意願行動，自由更在乎無需讓他人的意志服從我們的意志。不論誰當主人，他都不是自由的，而統治就是服從。[…]

　　因此，沒有無律法的自由，也沒有人是凌駕於律法之上。就算在自然狀態下，人類也只有藉助支配一切的自然法，才能擁有自由。一

個自由的民族會服從，但不受他人奴役；他只有領袖，卻沒有主人；他服從律法，但也只服從律法，而正是藉由律法的力量，他可以不服從任何人。[…] 一個民族，不論其政府形式為何，都只有在他們的統治者不看個人只看法律的機制時，才會是自由的。簡言之，自由永遠必然跟隨律法的結果，跟律法一起統治或是消亡。我對此再確定不過了。

盧梭，〈第八封信〉，《山居書簡》，1764。

「*服從我們為自己所規定的律法就是自由。*」──盧梭，《社會契約論》

Q：第二段開頭所說的「就算在自然狀態下」指的是什麼？

Q：為何作為主人無法擁有自由？

Q：律法所提出的義務，從何而來？

從本文到論證──文本閱讀 1-1、1-2、1-3

使用上述文本，處理下述主題：「要真的獲得自由，是否應該不服從任何法律，也不要任何束縛？」請你在前言中，讓服從與自由互相對立（或許只是表面上的），再予以超越。

第一部分：只要一點點束縛，就會妨礙我本能的自由（▶見文本閱讀 1-2，30頁）。因此，某些律法會妨礙我擁有充分的自由。

第二部分：但永遠會有各種我們無法避開的束縛：自然法則（重力、死亡等等）、道德法則與政治原則。那是否就得拋棄自由？必須區分束縛的強制與義務，好說明服從並非總是受奴役（▶見文本閱讀 1-3，30頁）。

第三部分：要贏得自由，就得超越這些束縛的強制，讓這些束縛不再主導，或是控制這些束縛。自由並非某種既定的事物。自由需要爭取，自由在與自我的關係中，即在如何思考並如何體驗這些束縛的方式中建立起來（▶見文本閱讀 1-1，29頁）。

問題：這三個部分的次序，是否能夠更動？如果可以的話，應該如何更動？請提出你的答案。

關鍵字區分

義務（obligation）／強制（contrainte）

強制是外在的，是主體所忍受的，而主體可以根據自己，自願地、不受拘束地，因而自由地賦予自己義務。

Q2：我們是否擁有自由意志？

我們覺得自由，但這其實是種矛盾的感受。當我們感到自由，事實上是相信自身擁有某種力量，可以用不同於以往真正做過的方式去行動。然而這樣的感受是否可靠？我們難道不就是、甚至是在我們毫無所知的情況下，就決定去行動嗎？

文本閱讀2-1

阿奎那

多馬斯・阿奎那 Thomas d'Aquin
1225-1274

自由意志存在嗎？

　　阿奎那告訴我們，如果自由意志不存在，就會有可怕的後果：再也沒有人能為自己的行動負責，而道德規範和法律將不再有任何意義。

　　人類擁有自由意志，不然所有的建言、激勵、訓誡、禁止、補償、懲罰等等，就都沒有意義了。——要確立自由的證據，我們首先得考慮到，某些特定的存在者，他們或它們不帶任何判斷地行動，例如石頭朝下墜落，以及一切沒有知覺的存有。——其他根據某種判斷而行動，卻不自由的存在者，這指的是各種動物，例如母羊一看到狼，就判斷自己必須逃跑，這種判斷出於本性，並不是自由的，因為母羊的判斷並非透過資料的蒐集，而是透過自然的本能。這適用於動物的所有判斷。——但人類根據某種判斷而行動，人類根據自己辨識的能力，判斷必須逃離或是追捕某個對象。然而這種判斷並非基於自然本能，而是對資料進行某種理性比對的結果[1]。這正是人類根據自由判斷而行動的原因。

阿奎那，《神學大全》（1266-1274），Les Éditions du Cerf，1984，721頁。

1 | 在這種意義上，自由意志在此並非武斷隨意的，因為這種自由意志來自於某種由理性所啟發的判斷。

文本閱讀2-2

尼采

費德利希・尼采 Friedrich Nietzsche
1844-1900

自由意志對誰有利？

　　對尼采而言，倘若沒有所謂的自由意志，也就不會有所謂的罪惡感。

　　自由意志的謬誤。——如今我們對於「自由意志」這個概念不再有任何同情。我們太清楚它是什麼了——它是所有神學家戲法當中最聲名狼藉的，其目的就在於讓人類在他們的意義上成為「負有責任的」，這意味著使得人依賴他自己…[…]每次有人想要「建立責任感」，經常就是想要懲罰與審判的本能在發揮作用。當任何一個如此或那般的存在事實被歸因於意志、諸企圖、責任性的諸行為時，生成變化的無罪性就被剝奪了。關於意志的學說在根本上就是以懲罰為目

的，或者說是以感到有罪的意欲為目的而被虛構出來的。整個古代心理學——即意志心理學——產生的前提是：它們的發明者，也就是那些位居古代社會頂層的僧侶們想要創造一種施加懲罰的權力，或者想要為上帝創造這種權力…人被設想為「自由的」，是為了使人可以被審判和懲罰，為了使人可以成為有罪的，因此任何行為都必須被設想為故意的，任何行為的根源都必須被設想為立基於意識當中。

尼采，《偶像的黃昏》〈四大謬誤〉第七節，1889，KSA 6，95頁，根據原文校譯。

Q：比較兩個文本中關於本能的引文。我們可以從中得出什麼結論？

Q：承認自由意志的存在，是基於必要，還是某種託辭？

Q：除了我們對自由的感受之外，我們對於自己的自由，是否有任何證據？

Q：依你看來，阿奎那和尼采哪位比較有說服力？

自由意志的幻象

文本閱讀 2-3

史賓諾莎

巴魯赫·史賓諾莎 Baruch Spinoza
1632-1677

根據史賓諾莎，人類之所以覺得自己擁有自由，是由於對理性無知，才一廂情願地以為人擁有自由。

孩童以為自己可以自由地想要哺育他們的奶水；生氣的時候，以為可以自由地去報復；害怕時，可以自由地逃離害怕。酒醉的人更是這樣，相信自己是以精神上完全的自由，說出一些自己清醒後會想收回的話。極度興奮的人、喋喋不休的人、孩童和其他這一類的人，都相信自己是根據靈魂的自由決斷而說出某些話，然而可以肯定，他們是無法克制自己說話的衝動。因此，經驗與理性都可以證實，人們只有在了解自己的行動時才會認為自己是自由的，而人並不知道決定他行動的原因。

史賓諾莎，《倫理學》第三部分〈情感的起源及本性〉命題 II（1677），
Saisset. Charpentier 譯本，1842。

關鍵字區分

原因（cause）／目的（fin）

原因一定會產生某些結果，然而目的卻是人們所針對的目標，因而假設了某種自由的選擇。

Q：你是否能舉出其他例子，類似於史賓諾莎文中所舉的例子？

Q：史賓諾莎是不是否認任何形式的自由存在？

文獻

自由意志具有神經學上的實在意義嗎？

　　這是美國神經社會學家李貝特（Benjamin Libet）於 1983 年所進行的實驗。

　　受試者的大腦先連接到電流導體上，接著要自願彎起一根手指，並指出自己在什麼時刻決定完成這個動作。

1. 我們觀察到，在大腦宣布決定與相關肌肉的運動之間有 0.2 秒的間隔，這是正常的。在做出決定的時刻與實際運動的時刻之間，總是會有生理學上的自然差距，有點像是短跑者的反應時間。
2. 但我們也測量到，從大腦刺激到受試者意識到刺激，中間隔了 0.5 秒，而這段時間長得令人驚訝，這促使我們思考：有意識的決定比大腦激化要晚得多，似乎在受試者有「決定」按壓按鈕的印象時，大腦早已按下按鈕了。

　　實際上，關於這個實驗所得出的結論，科學家有許多爭論。對李貝特與瓦格納（Daniel Wagner）這些人而言，這項實驗證實了意識並不能啟動行動，也不決定任何事情，意識不過是種自動反應。相反地，其他科學家（像是 Robert Kane 和 Daniel Dennett）則較謹慎，認為某種決定論的現實的存在，可和某種形式的自由意志相互調和：在兩個神經元網絡──即兩個可能的選擇──強度相當時，就會產生某種不確定性，也就是我們體驗到的遲疑感。

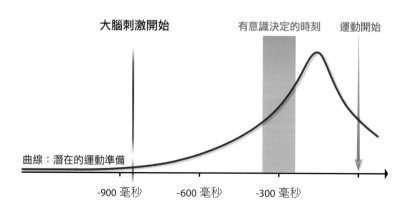

Q：一個學說如果聲稱能從神經實驗說明自由，我們如何能證實其有效性？

Q3：我們是否真的想要自由？

理論上，所有人都想要自由。而想要之外，還必須能夠實現這個自由。然而，在實踐上，我們有時會同意自己受人奴役。是否只有英雄承擔得起自己的自由？

奴役大獲支持的矛盾

文本閱讀 3-1

拉・波埃西

艾蒂安・德・拉・波埃西
Étienne de La Boétie
1530-1563

　　在諸多暴君統治的十六世紀，拉・波埃西十分震驚，人們竟如此不熱衷於解放自身、擺脫暴政。為何他們在所謂最為出色而尊貴的人面前，一直處於消極被動的狀態？

　　我只是單純地希望有人能讓我了解，為什麼這麼多人、這麼多城市、這麼多國家，有時竟會忍受一個暴君的一切，但這人除了人們賦予他的權勢，沒有其他權勢！[…]要擁有自由，需要的只是想要自由；如果只要想要就已足夠，那世界上有哪個國家會覺得，為了獲得自由，一個簡單的願望是過於貴重的付出呢？[…]

　　為了獲得自己想要的財富，勇敢的人類無懼任何危險，任何痛苦也不能讓勞動者灰心喪志。只有懦夫和麻木不仁的人，既無法忍受不對的事，又無能獲得他們認為好的東西，只能在旁邊流口水。他們的怯懦已經劫持了他們，不讓他們去追求力量；他們剩下的，只是想要擁有力量的自然欲望。這種欲望，這種天生的意欲，不分智者和愚人、不分勇者與懦夫，人人都有，這種欲望讓他們希求擁有一切能讓他們感到幸福與快樂的事物。我不明白為什麼，人們只對一樣事物沒有同樣強烈的欲望，那就是自由：如此巨大而美好的事物，一旦失去，所有不幸便尾隨而至，而沒有自由，任何其他美好的事物都將因為受到奴役的腐化，完全失去美妙的滋味。

拉・波埃西，《論自願為奴》，1548。

Q：請解釋作者這句言論：「[暴君]除了人們賦予他的權勢，沒有其他權勢！」

Q：要獲得自由，光是想要自由是否足夠？還是必須要有強烈的意志？請說明你的回答。

Q：如果我們選擇接受奴役，換句話說，如果奴役是自願的，我們還是自由的嗎？

文本閱讀3-2

康德

依曼努爾‧康德 Emmanuel Kant
1724-1804

承擔自由需要勇氣與膽量

康德為「啟蒙」[1]運動的到來賦予意義，並且指出通向個人解放的道路，以及主要的限制：懶惰與怯懦。

啟蒙 (Les lumières/Aufklärung) 是：人們走出自己所造成的未成年狀態。未成年狀態指的是，無他人之指導便無法使用自己理智的無能。自己所造成的指的是，造成這種未成年狀態的原因並非出於缺乏理智，而是出於缺乏不依他人的指導來運用理智的決心與勇氣。勇於思考 (Sapere aude) [2]！勇於使用你自己的理智！這就是啟蒙運動的座右銘。

為何極大多數的人，儘管自然已讓他們擺脫受他人控制的狀態[3] […]，卻仍然自願當一輩子的未成年人？為何其他人能夠輕易就自命為他們的監護人？原因是懶惰與怯懦。未成年狀態是極為舒適的狀態：如果我有一本書可代替我的知性，有個神職人員可代替我的良知，有位醫生來代替我決定吃喝什麼……我就不需要為自己操勞。只要我能付錢，我就無需思考，其他人會為我承擔起這份繁瑣的工作[4]。絕大多數的人（包括全體女性[5]）都認為，邁向成年不僅艱辛，並且極為危險。那些監護者注意到這一點，並好意[6]為他們行使監督之責。他們首先讓他們的家畜變得無知，並慎防這些和平的生物跨越監禁他們的養殖場，然後向牠們指出試圖自行走路的可能危險。然而，這個危險也不是真的那麼大，因為跌過幾次之後，牠們最後終將學會走路。

康德，《答「何謂啟蒙」之問題》，根據原文校譯。

1 | 十八世紀的文化運動，鼓勵知識的進步、社會的改造與人民的精神解放。
2 | 拉丁文：勇於思考
3 | 意即長大成人
4 | Besogne：工作，差事
5 | Le sexe faibe：指女性
6 | 這顯然是句諷刺的客套話

理解命題的論據──文本閱讀3-2

命題：人類維持在未成年狀態的主要責任在於自己。他們出於恐懼，同意讓自己被奴役。

論據一：自由包括從未成年過渡到成年。當然這指的並非年齡，而是理性上的成年。

論據二：比起成為公民和自由的個體，躲在安逸中並將就於依賴的地位容易得多，在政治上更是如此。

論據三：某些意圖不善的「思想大師」故意讓人們保持在「未成年」狀態，透過保護人民的藉口，強化了他們嬰孩般的恐懼。

確實理解了嗎？今日是否還存在著類似「監護人」的人物？

人類注定被迫自由

文本閱讀 3-3

沙特

尚－保羅・沙特 Jean-Paul Sartre
1905-1980

　　存在主義哲學家沙特認為，人類不但是自由的，而且這種自由還是絕對的，沒有人能試圖從中逃脫。我們是如此自由，以至於我們沒有不如此自由的自由。

　　杜斯妥也夫斯基寫道：「如果神不存在，一切就都被允許。」這就是存在主義的起點。確實，只要神不存在，所有都被允許，人類因而無所依憑，因為他在自身之內、自身之外，都找不到任何可攀附的可能性。首先，他找不到藉口。事實上，如果存在先於本質，我們就永遠無法參照某種既定不變的人類本性來解釋這個本質；換言之，決定論並不存在，人類是自由的，人類就是自由。另一方面，如果神不存在，我們在眼前就找不到任何價值或是秩序來證明我們的行為是合理的。因此，在價值的光明領域裡，我們在眼前或身後，都找不到任何辯解的理由或是藉口。我們是孤獨的，無從推託。我說人類注定被迫自由時，想表達的就是如此。注定，是因為他並未創造自己，但卻又是自由的，因為一旦被拋入這個世界，他就對自己所做的一切負有責任。

沙特，《存在主義是一種人道主義》，1946，© Gallimard，1970，36-37頁。

拉封丹的寓言：〈狼與狗〉，版畫。

Q：為何沙特聲稱，對人類來說，「存在先於本質」？

Q：某件事物是否有某種「既定不變」的本性？

Q：沙特為何形容價值的領域為「光明的」？

從本文到論證──文本閱讀 3-1、3-2、3-3
根據這些文本、你的文化背景和個人反思，請試著提出幾個最可怕的自由的經驗，真實的或是想像的皆可。
請用這些例子來探討這個問題：「自由是否令人恐懼？」

進階問題思考

PASSERELLE

| 布魯塞爾的「憤怒者」運動遊行，
2011年10月15日。

定義

空想（chimérique）是種吸引人卻不現實又不可能實現的計畫。Chimère原本指的是某種獅頭、羊身、蛇尾的想像動物。

Q4：對我的自由而言，國家是朋友還是敵人？

▶見本章〈自由〉　▶見第一冊的〈國家〉

1. 國家為個人自由設下障礙

在集體中的生活，似乎先天就對個人自由構成某種障礙，因為集體生活迫使個人服從各種規範、法律與習俗，這些並不是經由個人選擇的，也不是個人意願所想的。但國家同時似乎又是必要的，因為國家可藉由法律與公權力，使公民的自由得到尊重，也就是由警察負責確保安全。秩序是種保護，讓每個人都能利用自己的自由（▶見文本閱讀4-1，39頁），但秩序也會生出對自由的限制（▶見文本閱讀4-2，39頁；文本閱讀4-5，42頁）。

2. 國家應該保護不同類型的自由，使之共存

為了保護自由，必須假設某種與自由相反的外在力量（▶見文本閱讀4-3，40頁），這豈不矛盾？該如何定位國家？在重大的政治對抗中，這個問題經常貫穿這兩方之間：一方想要限制國家力量，以求非政治的個人自由得以充分開展（▶見文本閱讀4-4，41頁），另一方則認為非政治的個人自由不過是純屬空想。

人能自主選擇而負擔道德責任嗎？

國家的目的是自由

 文本閱讀 4-1

史賓諾莎

巴魯赫‧史賓諾莎 Baruch Spinoza
1632-1677

國家以束縛為手段，然而終極目的乃是盡可能為公民提供最好的條件，以實現公民自由，以確保和平、安全、教育養成與充分發展的可能，也就是能照他們認為合適的方式實現自我。

共和國的目的並不在於將理性的人改造成野獸或是木偶，相反地，是要讓人們的精神與肉體能運用所有功能，並讓他們能運用自由的理性，不用懷抱著恨意、憤怒或是詭計彼此相爭，並讓他們能彼此扶持，遠離不公不義。因此，國家的目的確實就是自由。

史賓諾莎，《神學政治論》第20章（1670），Ellipses，2011，36頁。

國家的自由造成我被奴役

文本閱讀 4-2

施蒂納

麥克斯‧施蒂納 Max Stirner
1806-1856

比起古老的政體，現代民主國家是否為自由提供了更好的保障？對施蒂納而言，國家所造就的正好相反。

「政治自由！」意何所指？是指個人獨立於國家與法律嗎？完全不是；相反地，這是指個人臣服於國家與國家的法律——那何來「自由」？因為在我與國家之間，再也沒有任何中介居間調停，而我則直接和國家建立關係；因為我是公民，不再是任何他人的臣民，這個他人在過去就是國王；我鞠躬不再是因為他身為王室成員，而是他身為「國家領袖」的資格。政治自由——自由主義 (Liberalisme) [1] 的基本原則——不過是新教 (Protestantisme) [2] 的第二階段，而正是「宗教自由」與之相呼應。實際上，「宗教自由」意味著什麼？一切宗教的解放？顯然不是，這指的只是除掉擋在天堂與您之間的所有人。撤消居間的教士，廢除「世俗教徒」與「教士」的對立，讓信徒與宗教或神直接溝通，這就是宗教自由的涵義。人們只有成為有宗教的人，才能享受宗教自由，宗教自由並非不要宗教，而是去親近信仰。

政治自由與宗教自由一個指國家、民族是自由的，另一個則指宗教是自由的，正如同良心自由指良心是自由的；面對國家、宗教或是良知，我對自由與獨立的理解都將被完全扭曲。這指的完全不是我的自由，而是統治我、壓迫我的力量的自由；我的暴君如國家、宗教或是良知，才是自由的。而它們的自由，造成我被奴役。

施蒂納，《唯一者及其所有物》，1845，R.L. Reclaire譯本，1899，125-127頁。

1 | 自由主義是個人主體為權利與自由的來源。
2 | 新教徒拒斥天主教的原則，即教士層級位於信徒之上的原則。

民主體制中的平等先於自由

國家無需懷抱惡意便可威脅自由。根據托克維爾所述,自由在現代民主體制中確實受到威脅,但卻是以難以察覺、柔和、無聲也無形的方式在進行。歐洲民主誕生於法國大革命,滋養了那些最沒有特權的人的某種真實的恨意,讓他們回想起舊制度的貴族。由於狂熱的平等主義,對自由的愛在對平等不計代價的追尋中消失了,最後反而可能危及自由。

人們不厭其煩地說,我們這個時代的人對於平等,有種比對自由更火熱而根深柢固的熱愛,但我發現人們完全沒有充分地追溯到這件事實的原因。我將嘗試看看 [⋯]

對大部分現代國家,特別是歐洲大陸的一切民族而言,只有在各種條件開始變得平等的那一刻[1],以及這種平等變成結果時,自由的欲望與理念才開始誕生與發展。在努力拉平臣民之間的地位差異上,出力最多的,正是那些專制國王[2]。對這些民族而言,平等走在自由前面;而當自由是某種新鮮的事物時,平等已經是過去的事了。平等已經創造出各種觀點、各種習俗、各種專屬的法律,而自由則第一次獨自顯現出它的存在。因此,自由依然只存在於理念與愛好中,而平等則滲透到人們的習慣之中,征服了習俗,生活中最細微的行為已經產生某種特別的變化。若是如今人們喜歡平等勝於自由,有什麼好訝異的呢?

我認為那些民主的民族對自由有種天然的愛好:他們全身投入,尋求自由,熱愛自由,他們看著自己與自由被隔開時,只有痛苦。但他們對平等有種熾熱的、難以滿足的、永恆的、不可遏抑的熱情;他們希望在自由時也有平等,而如果無法達到,他們在受奴役時還是想要平等。他們可以忍受貧困、奴役與野蠻,但他們無法忍受貴族。

托克維爾,《舊制度與大革命》,1835-1840,
「GF」系列,©Flammarion,1981,119-123頁。

1 | 公民的生活水準彼此互相接近。

2 | 法國國王,例如路易十四,會利用他的權威去抑制那些權力上可能與他匹敵的所有貴族。

Q:請比較「對自由的天然愛好」與民主政體中對平等的「熾熱的情感」。

Q:法蘭西共和國的格言宣稱「自由、平等、博愛」。然而,根據托克維爾的觀點,自由與平等的目標是相互連結、彼此互補、彼此兼容還是互相矛盾?你又怎麼看?

古代人與現代人的自由

在這場1819年宣讀的會議報告中，貢斯當對比兩種設想自由的方法。古代人認為自由是參與關乎共同利益的決定，而現代人期望的是能夠自由地投入自己的生命。現代的、去政治化的自由，建立在個人權利之上，意即必須防範一切被認為是種侵犯的國家干預。

我們再也不能享有古代人的自由，即積極而持續地參與集體權力的自由。而我們的自由則在於平靜地享受個人的獨立自主[1]。在古希臘羅馬時期，每個人分享國家的主權，那完全不是我們今天這種抽象的想像。每個人的意志都有十足的影響力；這項意志的行使是種鮮活而不斷重複的快樂。因此，古代人為了保全他們的政治權利與分享管理國家的權利，願意做出許多犧牲。每個人都自豪於自己選票的價值，並在意識到個人的重要性中，找到極大的報償。這種報償對今天的我們而言並不存在。個人在人群之中茫然若失，幾乎感覺不到自己能有什麼影響力。他的意志永遠不會在全體中留下痕跡，在他眼中，沒有什麼會注意到他的合作。因此，政治權利的行使提供給我們的，不再是古代人在其中發現的快樂的一部分，而同時，文明的進步、時代的商業趨勢、民族之間的交流，都使得個人幸福的手段出現無限的倍增與變化。[⋯]

古代人的目標是在同屬一個國家的所有公民中分享社會權力；這是他們所稱的自由。現代人的目的是保障個人所享受的快樂，他們所稱的自由，是制度對個人享有的快樂所提供的保障。

貢斯當，《古代人的自由與現代人的自由》，1819年

關鍵字區分

抽象的（abstraire）／具體的（concret）

某項假定之所以被稱為抽象的，是因為它「與現實脫鉤」，是空洞的，也就是它失去了意義。相反地，具體的意指某物具有非常真實的內容。

1｜能夠充分從中得益的事。

Q：貢斯當在此所提到的「報償」，本質為何？
Q：為何現代的個人會「在人群中茫然若失」？

文本閱讀 4-5

羅爾斯

約翰·羅爾斯 John Rawls
1921-2002

限制自由……以自由之名

為了試圖定義公正國家的條件，羅爾斯建立了秩序等級的第一法則，他稱之為「自由的優先性」。

「正義的首要原則」現在表述如下：

第一原則

每個人都有平等權利，享有涵蓋最大幅度同等基本自由[1]的一整套體系，而此體系與所有人享有的類似自由體系是彼此相容的[2]。

優先性規則

正義的諸原則是依字詞的順序排列的[3]，因此，自由只能因自由之故加以限縮[4]。限縮自由的情況有二：(a) 自由的限縮必須是為了強化所有人共享的一整套自由體系，以及 (b) 只有為了那些擁有較少自由的公民，才能接受某項自由的不平等。

羅爾斯，《正義論》，1971年，根據原文校譯

---

1 │ 用於行使民主（人權等）的根本自由。

2 │ 這指的是調和兩件事，一是擴大自由的必要（必須是盡可能廣泛的自由），另一是所有人在基礎自由方面的平等需求。

3 │ 陳述的次序：只有在第一項原則被完全滿足時，才去滿足第二項，以此類推。

4 │ 首先必須確保自由，人們才可以考慮如何限縮自由。

Q5：言論自由是否有某些限度？

▶ 見第一冊的〈正義與法律〉

1. 特殊的言論自由：出版自由

記者的權力有時似乎很重要，因此我們通常稱出版與媒體為「第四權」，這補充或平衡了國家的三大權力：立法、行政與司法。然而，權力的區分與制衡的原則表明，一項權力必須由另一項監督，記者因此便重歸國家機器的看守之下。

2. 這種自由是根本的

每個人都有權利思考自己想思考的，以及能夠說出自己所思考的。這是基本的自由，也是所有人的根本權利。幸好，不論內容為何，我們不能什麼都說。例如，我們沒有權利為了毀謗某人，就散布毫無根據的流言。

3. ……但受到嚴格的限制

侵犯私生活、侮辱、毀謗、煽動種族仇恨或否認主義[1]，是幾個不可踰越的例子，這顯示了立法機構對言論自由有足夠明確的限制，目的在於預防濫用。這些限制是正當的嗎？反之，是否應該將言論自由視為不可觸犯的原則，保衛它不受任何形式的審查？

定義

毀謗某人，即惡意中傷，傷害其榮譽或是名譽。

關鍵字區分

正當的（légitime）／合法的（légal）

一項限制只要是由法律所界定就是合法的，但這項限制如果獨立於法律的規定，又有很好的存在理由（也就是合理的），那這項限制就是正當的。

定義

不可觸犯（intangible）指的是不受任何事物傷害、我們無法對其施加傷害、我們也不應予以改變的事物。

1 │ Négationnisme，否認納粹對猶太人施行種族滅絕等相關事實。——譯注

理性思考的權利並非行動的權利

文本閱讀 5-1

史賓諾莎

巴魯赫・史賓諾莎　Baruch Spinoza
1632-1677

　　每個公民只是自願放棄行動的權利，並未放棄理性思考與判斷的權利[1]。因此，在行動上，沒有人能在違背君王的政令時不危害到君王的權利。但相反地，每個人都能思考與判斷，只要他僅止於談論與教授，並只以理性捍衛他的想法，而不藉由詭計、憤怒與仇恨，也不意圖改變任何以國家政令的權威[2]為根據的事物。例如，當某人指出某項法律與理性背道而馳，並陳述他認為這項法律應予廢除的意見時，如果他將自己的意見交給國王判斷（只有國王才能夠立法與廢除法令），並且在等候國王判斷時，對該法律的規定，克制一切杯葛行動，那他當然有功於國家，可以說他的表現就如同最優秀的公民。相反地，如果他在提出意見時，指控官員罪大惡極，卑鄙無恥，或是試圖無視官員，而以暴動廢除這項法律，那他就是搗亂者與造反者。

史賓諾莎，《神學政治論》第 20 章（1670），Ellipses，2011，42 頁。

1 | 這是指在社會契約簽訂的時候，每個人都接受自己的行動自由可以受到限制，但不包含思考的自由。
2 | 國家的立法創制權力。

Q：是否應該區分好的與不好的言論自由？
Q：為何保障出版自由是民主之必要？

> 「任何人都不為自己的意見而感到憂慮，包括宗教意見，只要他的表達不破壞法律建立的公共秩序。」
> ──《人權暨公民權宣言》〈第十條〉，1789 年。

哲學練習

———✦———

EXERCICES

練習1　掌握詞彙

請用你認為最恰當的選項完成下列命題：

a. 一個無動機的行動是〔　　　〕的表現：任性－意志－自由
b. 外在強加在我們身上的是種〔　　　〕：束縛－義務－責任
c. 自己將法律賦予自身，這是〔　　　〕：獨立－自由意志－自主
d.「必然」的相反，是〔　　　〕：不可能－多餘－偶然

練習2　做個思想實驗：「布里丹的驢子」

L'âne de Buridan.

　　想像有隻驢子，又餓又渴，牠站的位置，距離滿足食欲的燕麥和終止口渴的水桶一樣遠。
　　牠該怎麼做？先喝再吃？還是，先吃再喝？
　　儘管你不是驢子，但若置身牠的處境，你會怎麼做？你是否從中了解到關於自由的事情？

練習2試答

這則寓言說的是：驢子無法選擇，因為要牠走向水跟走向食物，沒有理由哪個比哪個更好……因此牠沒有任何方法可以不再躊躇，也因此牠將待在中央，餓死或渴死！

哲學詮釋：驢子處在某種平衡或是無差別的處境裡，並不會驅使牠朝任何方向前進……如果自由是這樣，那只會導向「毫無行動」。然而，只有這樣一隻無知的驢子會在有水可喝、有東西可吃的情況下，任憑自己飢渴而死。人類不會這樣，他知道對生命而言，水比食物更重要，他會選擇先走去喝水。我們看見，在現實中，我們總是在某些方面受到限定，而自由應該受理智所啟示。

練習3　做個思想實驗：米爾格倫實驗

1. **研究**：蒐集資訊，了解心理學家史丹利・米爾格倫（Stanley Milgram）在1960年代進行的這個實驗。你也可以觀看昂西・維努伊（Henri Verneuil）所拍攝的電影《伊卡洛斯》（I comme Icare），該片將米爾格倫實驗搬上銀幕。
2. 關於服從權威，這個實驗告訴了我們什麼？
3. 2010年，這個實驗配合當今的見解，重新搬上電視螢幕，節目名稱為《死亡遊戲》（Le jeu de la mort）。請比較兩個實驗，並思考權威的來源。

練習4　概念區分

畫一個表格，分成三欄，在每一欄指出下列行動中哪些指的是必要的行動、義務的行動以及單純選擇的行動。注意：有時一個行動會有一種以上的選擇。

a. 吃喝

b. 不要踩草坪

c. 服從法律

d. 有禮貌

e. 納稅

f. 選舉時投票

g. 上學

h. 給窮人東西

i. 愛父母

j. 死亡

k. 活著

l. 交朋友

練習5　理解文本

　　個別事物之敵對係數 (coefficient d'adversité)[1]，不能成為反對我們自由的論據，因為是透過我們，意即透過某個目的的預設立場，才產生這種敵對係數。某塊巨岩，如果我想挪開，就會顯示出某種深刻的阻力。相反地，如果我想攀登而上，凝神靜思眼前景色，就會成為某種可貴的幫助。究其本身──如果甚至有考慮它自身可以是什麼──它是中性的，意即它等著某個目的來照亮自己，才能顯示為阻礙或是助力。[…]沒有鎬或是冰斧、沒有開闢出來的小徑、沒有攀登的技巧，攀登巨岩就沒有簡單和困難的問題。問題可能不會被提出，岩石和任何類型的登山運動技巧可能就沒有任何關係。因此，儘管原始事物本身[…]能夠從一開始就限制我們的行動自由，但是，正是關係到我們自由本身應該事前就建立起框架、技巧與目的，這些事物才會顯現為限制。如果巨岩本身顯示為「過於困難攀登」，而如果我們應該放棄攀上去，我們得注意到，巨岩未曾在一開始就顯示自己為「可攀登的」。因此，是我們的自由建構了這些它後來所遭遇到的限制。

沙特，《存在與虛無》第四部分第一章第二節，法文版（Tel），1943，527頁。

1 | 敵對係數（coefficient d'adversité）在這裡指的是：與我們意志相對立的程度。──校注

1. 在什麼情況下，巨岩代表了某種可貴的幫助？
2. 在什麼情況下，它反而代表了某種逆境？
3. 關於自由遭遇到障礙的方式，我們可以推導出什麼？
4. 沙特的命題是什麼？與之相反的命題又是什麼？

練習5試答

1. 當我們想要欣賞風景時，攀上巨岩，便可能可以擁有更好的視野。
2. 當我們想要挪開這塊巨岩時。巨大的岩石會妨礙我們，並將對抗我們的意志。
3. 障礙並不存在於自身當中。障礙是在與預設計畫的關係中獲得意義。換句話說，單是某樣事物本身並不構成幫助，亦不構成障礙，因為在根本上，一切都取決於我們想要做什麼，換言之，取決於沙特所謂的我們的「計畫」。
4. 沙特認為，是自由造成了這些障礙，而這些障礙先天上並不存在。因此，他反對某些人的主張：自由一旦遭遇到某些限制的阻擋，而我們又無能為力反對時，我們就沒有徹底的自由。

練習6 辯論

主題：「是否有必要限制自由？」
藉由下表，建立一個詳細的圖表

反方 「言論自由應該是完整的」	正方 「我們並沒有什麼都可以說的權利」
審查總是不好的。必須保衛提出異議、推翻現存的權力、以不同論辯來避免「唯一思想」等各種自由。此外，批判經常是有建設性的。	某些人可能會被某些極端的話語所冒犯，例如關於他們信仰的話語。毫無理由的挑釁就是不尊重這些價值。
這是民主的根本價值，不應受到損害。限制言論將會侵犯我們的權利。	某些意見是危險的，會帶動某些行動，例如「鼓動種族仇恨」或是毀謗。這些都必須禁止。

「我不同意你所說的話，但我誓死捍衛你說這話的權利。」（這句話經常托名伏爾泰，不過真實性存疑）	這不是為了妨礙人們在私領域進行的思考。然而一旦人們試圖表達，意即在公領域傳播他們的觀念，國家就可以正當地介入。參考「關鍵字區分」：正當的／合法的

練習7　從某句引言出發，進行反思

a. 康德在《純粹理性批判》的導言中寫道：「輕柔的鴿子，在自由的飛翔中，雙翼破空時感受到空氣的阻力，牠想像著在真空之中，牠將更會飛。」請解釋蒙蔽鴿子的幻象為何。

b. 法國大革命時期革命家聖茹斯（Saint-Just）是羅伯斯皮耶的支持者，他說：「自由的敵人，沒有自由。」他這麼說是為了合理化以自由之名施行的恐怖鎮壓。對你而言，這句口號的邏輯是嚴密還是矛盾？

c. 沙特在《沉默的共和國》中表示：「我們擁有的自由並沒有比德國占領時期更多。」該如何解釋這句似是而非的話？

練習8　作品比較

1. 指出這兩個用來譬喻自由的作品的相同與相異之處。

2. 根據你的看法，這樣表現自由好嗎？相反地，請找出一個能夠將自由設想為內在平靜與超脫世俗的影像。

定義

> 譬喻透過虛構人物的特徵來描繪某個抽象概念。

| 德拉克羅瓦，《自由女神引導人民》，1830年，油畫，收藏於巴黎羅浮宮。

| 巴特勒迪，《自由女神像》，1875年（93公尺），紐約。

練習9　研究一個論文主題 ▶見第四冊的〈文化〉　▶見第一冊的〈權利〉

主題：我們是生而自由還是變為自由？

1. 《世界人權宣言》對這主題說了什麼？該如何思考？

2. 「人並非生而自由」的主張意味著什麼？舉例而言，我們是否能說兒童屬於他們的父母？相反地，主張「人生而自由」意味著什麼？自由的概念被賦予什麼意義？自由是一個事實，還是一項權利？

3. 我們得透過什麼方式才能「變得」自由？是透過累積經驗嗎？得先經過辛勤的努力嗎？透過教育嗎？我們可以學習讓自己自由嗎？有方法可遵循嗎？

4. 這裡提出的問題以「二擇一」的形式呈現，但一定要在兩個項目中選擇嗎？從「二擇一」的選項出發，為這個主題建立一個問題意識，接著為這個「二擇一」的選擇提出解決方法。

5. 史賓諾莎和施蒂納的文本中（39頁），哪些段落能幫助你處理這個問題？

練習10　與哲學家對談 ▶見第一冊的〈社會〉〈國家〉

依照下述問題的回答，分類下列命題

問題：「活得自由，是孤獨地活著嗎？」

a. 「在公民社會之外，每個人都享有完整卻貧瘠的自由。」（霍布斯，《論公民》）

b. 「認為相對於自然狀態下的需求（即人類只感到自然的、所謂簡單的需求），人自由地活著，這是種錯誤的看法 […]：這樣的自然需求及其立即的滿足，只會是某種深陷於自然[1]的精神狀態，因而，也就深陷於野蠻與不自由的狀態。然而自由只存在於精神對自身[2]的反思中，只存在於與自然有所區隔，以及對自然經過反思的行動中。」（黑格爾，《法哲學原理》）

c. 「有理性的人在城邦中、在共同的法律下生活，比在孤獨中只服從自己更為自由。」（史賓諾莎，《倫理學》）

d. 「我並不真的自由，除非我身邊的所有人類，不分男女，都和我一樣自由。他人的自由，完全不是對我的自由的限制或是否定，而是我的自由的必要條件與肯定。」（巴枯寧，《日耳曼皮鞭帝國與社會革命》）

e. 「野蠻人是否能享有真正的自由？那些缺乏經驗與理性的存在者，沒有任何克制自身激情的理由，不具任何有益的目標，他們能被視為真正自由的存在者嗎？一個野蠻人只會做出可憎的放縱之舉。」（霍爾巴赫，《社會體系》）

f. 「個人的自由始於他人的自由。」（克魯泡特金）

g. 「除非犧牲個人，一個民族無法自由；因為在這種自由中，最重要的不是個人，而是民族。民族越自由，個人越受奴役。」（施蒂納，《唯一者及其所有物》）

1 | 如果這些人性需求全都源於自然，而沒有精神來源，這反而在開玩笑。

2 | 自由並非不經反思而自發的，而是建立在有能力回到自身之意識上。

練習 11　針對主題提出問題並予以分析

主題：「我們是否能認為動物是自由的？」

1. 界定主題中的字詞。人類馴養在家的動物服從的是什麼？是誰？
   而野生動物呢？
2. 針對主題的提問，如果要回答「是」，那該賦予「自由」什麼
   定義？
3. 針對所提出的問題，如果要回答「不」，那該賦予「自由」什麼
   定義？
4. 構想這個主題的問題意識。

綜 合 整 理

定義

自由的意思是使行動與自我一致的能力，不受任何人干涉。

提問 ── **Q1：自由是指做一切我們想做的事嗎？**

癥結

先天上，自由難與社會規範調和，因為社會規範要求自由必須不加以選擇地遵循。

答題方向

對盧梭而言，只要我們服從規範我們的律法，我們就仍是自由的，因為這裡面投入了個人本身的意志。

引述

「服從我們自己規定的律法，就是自由。」（盧梭，《社會契約論》）

提問 ── **Q2：我們是否擁有自由意志？**

癥結

渴望與暫時的衝動會讓我們倒向任何方向。但我們不也有自己的意志，讓我們能做出決定嗎？

答題方向

對自由意志的內在體驗讓我們感到我們能夠擺脫外來的決定。根據史賓諾莎的看法，這樣的感受之所以像幻覺，是因為我們對那些決定我們的原因一無所知。

引述

「人被設想為『自由的』，唯一的目的是使人可以受審判、受懲罰──好讓人可以成為有罪的。」（尼采，《偶像的黃昏》）

提問 ── **Q3：我們是否真的想要自由？**

癥結

自由令人害怕，既然我們是自己行動的創造者，那自由必然伴隨著責任。

答題
方向

對沙特的存在主義而言，沒有人能躲避自己的自由，儘管每個人都試圖從中逃脫。

引述

「人類被迫注定自由。」（沙特，《存在主義是一種人道主義》）

練習論文：為下列主題之一提出一份詳細題綱

■ 「自由是指不遇見任何障礙嗎？」（科學組，2005）

■ 「徹底自由的概念有意義嗎？」（文學組，2003）

■ 「自由能定義為拒絕的權力嗎？」（科學組，2001）

3 | 義務責任

「我寧可不要。」

這本小說的敘事者是法界人士，他聘請了一位神祕的雇員：巴托比。巴托比向來勤勉，現在卻拒絕做他的工作。

一開始，巴托比迅速完成了數量驚人的文書工作。人們或許會說他是長年渴望抄寫工作的男人，狼吞虎嚥我的文件。他從不停下來消化，夜以繼日穿梭於字裡行間，在太陽與蠟燭的光芒下奮力抄寫。若是他能高興地勤奮工作，我本該為他的認真感到高興。但他總是面無血色、安靜而機械地抄寫著。[…]

那是在和我工作三天之後，[…] 因為被迫必須迅速完成某件手頭上的小事，我突然把巴托比叫了過來。由於情況緊急，也因為我認定他會立刻順從，我的頭朝文件正本撇了撇，又煩躁地用右手指向旁邊的文件副本，如此一來，當巴托比從埋首的文件堆中抬起頭來時，就能立刻領會我的意思，然後即刻開工。

我正是以這樣的態度把他叫過來的，接著對他下達指令：和我一起匯整出一份簡短的帳單。請想像我的驚訝，不，我的錯愕。巴托比以他一貫的孤獨氣質，用溫柔而堅定得出奇的聲音回嘴：「我寧可不要。」

梅爾維爾，《抄寫員巴托比》，1856年，P. Leyris譯本，25-27頁。

一般看法	思考之後
我們必須盡責任	**人們可以自由地反抗責任**
一般而言，我們服從於責任，因為我們設想這種責任具有某種價值，甚至會激起某種驕傲感。若有人說「這很自然，並沒什麼，我只是盡了我的義務」，這似乎在降低其行動的價值，但依然清楚的是：完成規定的工作是件好事。完成自己的責任義務，因此成為某種社會規範。越是習慣於順服這項規範，不服從所帶來的震撼就越大。	巴托比突然表現出極大的轉變。在表現出對責任的過度順從、讓自己成為自動機器（機械地）之後，他變得堅決地不服從（「我寧可不要」）。這讓我們警覺到每個人面對責任時的雙重態度。我們可以致力於完成責任到忘我，乃至於倒胃口的程度，直到最終拒絕責任。巴托比在面對壓迫時，以自己的方式體現出某種反抗的態度。

義務責任總是採命令的形式。我們予以奉行或是反抗。為何面對義務責任時，會有這兩種態度？

從定義尋找問題意識

定義

> **責任是由自由的主體所擔負的義務。**

責任（應該）

責任分屬不同類別：專業（如：工作）、道德（如：不說謊）、社會（如：有禮貌）或是宗教（如：施捨）。

某種義務

「義務」是人類對自身所確立的界限。義務對個人產生影響，但他總是可以選擇服從或是拒絕。例如：某項校內規範要我服從，但不能強迫我服從。相反地，「強迫」屬於必要性的範疇，就必要性而言，我們並不真的有所選擇。例如：如果我違犯了同樣的規範，這項規範可以強迫我接受處罰。義務尊重自由而不使用力量，強制則使用力量去限縮自由。

由自由的主體所擔負

責任針對的是有意識而自由的主體。主體有意識地承認自己負擔某項責任。例如：工作不遲到是一項關乎薪資的責任。主體也會考慮此一責任的合理性，做出理性而合理的判斷（遲到可能表示做的工作比其他人少，而這並不合理）。此外，義務並不強迫人，主體是自由的，他運用自己的意志決定要服從或抗拒。

定義提出什麼問題？

義務責任的定義似乎顯示出在責任與自由之間有某種可能的協調，我可以自由地贊同某種責任。這大大提高了責任的價值。但如果別人向我提出不對的責任，我該服從嗎？▶ Q1：是什麼賦予義務責任某種道德價值？

如果責任本身沒有任何價值，就無法成為必須無條件遵守的規範。因此責任對應於某種規則，我們卻難以確定規則被運用的界限。因此，從道德的角度來看，我們可以問自己義務責任的界限何在。▶ Q2：我們是否可以界定出義務責任的界限？

問題思考

———— + ————

COURS

定義

> 尊重是種感情或態度，出自於對某個人、某種觀念或是某項規範的肯認。因此，我可以尊重我的醫生，因為他的能力好，也可以尊重其他人的意見，或是尊重交通規則。在康德的理論中，尊重是源於理性的情感，是理性讓我們肯認道德法則本身的善，並予以服從。例如：面對「不可殺人」的誡命，我可以感受到這項道德責任之所以是事實上絕對的善，是由於它應該在任何情況下為所有人所採納。

關鍵字區分

普世或普遍（universel）／一般或普遍（général）／特定（particulier）／個別（singulier）

根據康德的觀點，真正的道德法則是普世的，為所有人的理性所肯認，所有人都能自由應用。它不同於我們平常在社會上所順服的一般道德規範（風俗）、某群體的特定規範或是個人的個別規則。

Q1：是什麼賦予義務責任某種道德價值？

人因為活在社會中，所以經常會習慣於服從加諸於身上的義務責任。一旦習慣便覺得正常。例如：人們認為，得到了幫忙，道謝是理所當然的。由於義務責任看似理應如此又有用，因此就被視為在社會上是好的。但義務責任也可能有道德價值，在實用之外，義務責任甚至是道德的，特別是無私的責任。

1. 出於利害考量卻符合責任的行動並非道德行動

一項不受道德意圖所指引卻尊重責任的行動，是符合道德的行動嗎？例如：一個醫生關心他的病患的健康，但只是為了不失去客戶，這符合道德嗎？

要完成一項道德責任，我們的行動不能只是符合道德規範，還得有正當的道德意圖作為指引。比起出於自身利益的行動，一個人因為完全相信某項責任是善的，所以為了這項責任而行動（如：一個人以無私的方式原諒他的敵人），這更符合該項責任（▶見文本閱讀 1-1，57頁）。

2. 道德行動符合普世責任

某項出於責任的行動是否合乎道德，判斷標準在於這項責任的普遍性：我是否能希望所有人都這麼做？根據康德的看法，一項義務越具有普遍性，施行上就越不需要條件，人們也就越能在自由中遵守。實際上，只有人類這樣具有理性的存在者，才能設想某種普遍的義務。這說明義務是針對人，而人有能力去做。

康德由此設想了這種義務的形式：這是種無上命令，意即在任何情況下，都絕對地支配一切理性存在者的責任。

對康德而言，支持我去完成一項責任的，如果不是情感偏好（傾向），那麼該責任就是道德的、值得被遵循的。例如：海岸救生員如果在犧牲生命之際並未考慮到自己，他的行動就真的是道德的，但如果他是為了獲得他人讚美或是得到報償，那就不是。

3. 出於義務的行動可以同時符合道德與效益

康德承認，或許沒有任何人是單憑義務與完全純粹的意圖而行動。問題或許來自這項普世義務的抽象特性。根據黑格爾的看法，如果我們將這個道德問題（該怎麼做才是好的行為？）化約為某種邏輯問題（如何不與該律法的普遍性產生衝突？），我們就減損了這項義務責任的力量。

這項義務可能會變為某種不切實際的束縛，因而沒有具體價值：有什麼樣的人在盡責任的時候，能肯定自己不受自身動機所驅

使？（▶見文本閱讀1-2，58頁）例如：就連犧牲生命的人都可能出於自利的動機而這麼做（希望自己獲得表揚或是進入天堂）。

　　康德式的觀點看起來可能不太符合現實。儘管有自利的動機，這並不表示這項行動是不道德的。拯救他人的性命，不論動機為何，總是善的、正當的。根據彌爾的看法，不應將行動的道德性與實用性區分開來，最道德的行動，也是讓最多人獲益的行動。（▶見文本閱讀1-3，59頁）

Q2：我們是否可以界定出義務責任的界限？

說到義務責任，人可能有做出過度或不及之事的傾向。然而任憑自己被義務責任吞噬的人，會過於不近人情，或是適得其反地忽略了重要的事物。那我們如何知道義務責任的適切界限在哪呢？

1. 道德義務似乎沒有界限

　　既然義務責任具有社會性，一旦被納入法律的範疇裡（例如工作時數），就不難提出限制。例如：一個受薪雇員可以拒絕額外的超時工作。

　　但若是一項由內在需求（如道德或是宗教）判斷為正當的義務責任，其界限便較難界定。例如：父母未必會限定自己應該花多少時間追蹤孩子的課業，一個人也很難決定自己可以原諒傷害他的人幾次。此處並無明確的尺度。

2. 英雄與聖人指出了不可逾越的界限

　　干冒生命危險的英雄，和安於貧困與飽受迫害的聖人，超越了他們對國家或是宗教的責任。人們認為他們的態度與行動是非比尋常的。他們透過自身的能力，超越社會責任或道德或社會對所有人提出的要求，由此為我們提供了典範。因此他們經常被視為值得遵循的榜樣，他們代表了某種人性的理想。是什麼推動他們這麼做呢？

　　根據柏格森的看法，如果英雄和聖人有能力超越界限，那是因為他們並不滿足於社會壓力對他們提出的要求。這毋寧是某種個人的天職、某種渴望、某種對人類的愛，促使他們超越義務責任的界限（▶見文本閱讀2-1，60頁）。他們從自己所負的（有限的）義務責任，進入到自己所選擇的（無限的）義務責任。而他們立下的典範也激起他人的贊同，吸引別人追隨他們的腳步。

關鍵字區分

合法的（légal）／正當的（légitime）

合法指的是符合成文法律或是口傳法律的內容；正當指的是符合某種道德、正義、理性的要求。兩者可能相互矛盾：一道法律可能並不公正／不正當。例如：掌握他人生死的權利，在某些社會中可能會被視為合法（古羅馬時期父親的權利），但從所有人擁有平等尊嚴的角度來看，卻顯得不正當。

關鍵字區分

理想（idéal）／現實（réel）

在道德的範疇裡，理想是指某種完美而值得追尋的榜樣。真實的人儘管並不完美，卻能投身英雄或是聖人的理想，將這種理想視為某種他想要接近的願景。

3. 我們是否能以這樣的例子為榜樣？

當代哲學再度表現出對傑出人物、英雄或聖人的興趣，並指出這些人物質疑了責任的本質與界限。「分外之事」的概念（即完成了超出自己責任的事情），指的便是某些屬於英雄主義或是神聖性的特殊行動。例如：士兵自己跳到手榴彈上，以求自己的同袍免於死亡。信徒在禁食或是祈禱上做得比宗教法規的要求還要多（▶見文本閱讀2-2，61頁）。矛盾的是，這些超乎常規的例子都有助於我們判斷人類的行動是否合於常規。

但是這些例子凸顯了「無限責任的道德理想」與「在限度內尊重責任的現實立場」的距離。如果理想不可企及，那將理想呈現為某種值得追尋的典範，就顯得令人絕望，甚至是危險的。的確，有些政治或是宗教的意識形態會頌揚某些無可企及的典範，或是以反常的方式行使責任來合理化殘酷的行動（▶見文本閱讀2-3，62頁）。

Q1：是什麼賦予義務責任某種道德價值？

下列文本所追問的是義務責任的價值，並且特別想要知道：為了義務本身而服從義務，在道德上是否正當？事實上，出於純粹義務而行動的人，似乎是種德性的典範。然而，我們是否真的能根據完全純粹的動機來行動？

因對義務的外在服從而行動，這並非道德

文本閱讀 1-1
———
康德

依曼努爾・康德 Emmanuel Kant
1724-1804

　　康德分析符合義務的行動與出於義務的行動之間的區別。他深入探討了以下的例子：出於利益而依法行事的商人，和絕望卻抗拒自殺的人。

　　比如零售小販[1]不向無經驗的生客哄抬價格[2]，同時，即使是在買賣熱絡的場合，聰明的商家也不會這麼做，反而對每個人維持固定的一般價格，讓小孩也像其他人一樣可以安心購買。這些作為確實都是符合義務的，也就是說，客人得到真誠的服務。但是，僅僅如此還是遠遠不足以使人相信，商人乃是出於義務和誠信原則而行商。是他的利益要求他這麼做。在這裡，我們無法假設，作為商人他對顧客有直接的偏好，無法假設他是出於誠實正直才不在價格上厚此薄彼。換言之，這些行為既非出於義務，也不是出於直接的偏好，而僅僅只是出於自利的意圖。

　　與之相反，生命的保存和延續卻是一種義務。此外，每個人對此都有直接的偏好[3]，為此大多數的人類都背負著戒慎恐懼的憂心。但他們的憂心並不因此具有內在價值，他們憂心的格律[4]也不因此具有道德的涵義。他們延續自己的生命，固然是合於義務的，卻不是出於義務的。與之相反，當逆境和絕望的悲傷全然地奪取了生命的滋味，當心靈強大的不幸者對命運的憤慨多於怯懦或消沉，他渴望死亡，卻仍繼續維持他不再熱愛的生命。他這麼作不是出於偏好或畏懼，而是出於義務。如此一來，他的格律便有了道德涵義。

康德，《道德形而上學的基礎》，〈第一篇〉，397-398，根據原文校譯。

定義

德性（vertu）是種習慣性的甚至是持續的能力，讓人能行善，這與惡習（vice）相對，即作惡的傾向。

1｜商人。

2｜提出誇大的價格。

3｜感性的偏好。

4｜Maxime，行動的原則，行為舉止的動機。

理解命題的論據——文本閱讀1-1

命題：道德行動乃是出於應該，而非利益或是欲望。

論據一：傷人的例子：我們為什麼說售價公道的商人是為了利益而這麼做？為什麼這個行為符合應盡的責任卻不是道德的呢？

論據二：試圖自殺者的例子：為何一個人保存自己的生命，有時是為了符合責任，有時卻是出於應該？為何出於應該的行動才能界定為道德的？

確實理解了嗎？服從責任意味著在自身利益與道德益處之間進行內在角力：一個人如果能夠超越與他人比較，還能出於難以抗拒的誘惑而行善，這樣的人是道德的人嗎？（▶見文本閱讀 2-2，61頁）

文本閱讀 1-2

黑格爾

費德利希·黑格爾
George Wihelm Friedrich Hegel
1770-1831

但是，服從某項普世責任，具體而言是否可能？

在本文中，黑格爾指出，康德式的道德僅只是形式道德，只論及普世責任，但並未明定其內涵。

康德式公式——一項行動有可能被描述為普世遵守的格律[1]——這確實使人對行動的處境有更具體的想像，但這個公式本身並沒有包含其他原則，它（康德式公式）缺乏矛盾的可能及形式的同一性。說「所有權不存在」，相較於「這個或那個單一民族或家庭並不存在」等等說法，甚至相較於「世界上根本沒有活人存在」的說法，[這幾種說法之間]幾乎同樣看不出有什麼彼此矛盾之處。相反地，如果所有權及人類生命是存在且應被尊重的，堅定地把兩者確立[2]為前提，則殺人或偷竊就與此一前提矛盾。矛盾只能是與某樣東西的矛盾，亦即與某樣內容——作為穩固原則而被預設為根本前提的——相互矛盾。只有關涉到這樣的原則，一個行動才能說是與之相符或是矛盾的。然而，義務若不是涉及某個內容，而是作為義務本身，就應該被欲求踐行，只宣示了如此的義務在形式上的同一，卻排除了一切內容與一切規定。

黑格爾，《法哲學原理》§135，根據原文校譯。

關鍵字區分

形式的（formel）／實質的（matériel）

形式是種邏輯的結構（某種容器），填充了某種具體的物（某種內容）。形式上的同一性就是邏輯的同一性，而沒有具體內容。

1 | 格律指的是某種行動原則，由主體所賦予並自問是否適用於所有人的原則。

2 | 建立在以嚴謹的方式進行理性思考所得到的原則之上。

從本文到論證──文本閱讀1-1、1-2

黑格爾對康德的拒斥經過幾個階段：

──他承認，某項行動原則若是被描述為可放諸四海而皆準的，便可能成為應做之事。如果我問自己「撒謊是否符合道德」，我就會意識到如果我將這視為所有人的義務，那麼在所有人都選擇說謊的社會中，生活就難以繼續下去。對黑格爾而言，康德式的概念依然過於抽象，其界定未曾考慮社會真實的運作狀況。

──接著黑格爾認為，如果我們從實際存在的事物（人的生命、私有財產）出發，那康德的普世義務便會導出一些矛盾的例子，例如當我殺人或是偷竊之時。康德的普世義務並非總是可以解釋每個特殊情況下該做什麼。如果有人偷了我的財產，然後我殺了小偷以拿回財產呢？我是否能為了消除他的違法行為而去犯罪？

某項行動的實用價值與其道德能彼此相容

文本閱讀1-3

彌爾

約翰‧彌爾 John Stuart Mill
1806-1873

彌爾指出，要人們出於純粹責任而行動，是過於強硬的要求。一個人若是出於私利而盡他的責任，完全不減損其行動的道德價值。

倫理學[1]的工作是告訴我們：我們的道德責任(duties，也作「本份」)是什麼，或可以透過什麼檢測方式來得知。但沒有任何倫理體系能要求，我們一切的所作所為僅能以責任義務的感受為動機。正好相反，我們百分之九十的行動都有其他的動機，且只要不是道德責任的規範所反對，就沒有什麼不對。將這種誤解當作反對一種效益主義[2]的理由，太不公平了，特別是效益主義者遠比任何其他人更加堅持，一個行動的道德價值，根本與動機不相干，主要是與行動者[3]的價值有關。一個拯救人類同胞免於溺水的人，做的是合乎道德的事，無論他的動機是出於道德上的義務責任，還是希望能因他的付出而獲得獎賞；背叛信任自己的朋友，就是一種罪行，就算他的目的是為了幫助另一個更有義務要幫忙的朋友。

彌爾，《效益主義》，根據原文校譯。

1 | 道德（校注：倫理與道德兩者在很多情況可以互用，倫理多側重人我之間的關係，道德則著重於自我的關係，但是當我們說公共道德、社會道德時，就可以與倫理互換使用）。

2 | 這種哲學學說認為效益是道德的指標，善行是對最大多數人有益的行動。彌爾補充：犧牲只有在對所有人都有益的時候才是應該的。

3 | Agent，行動的創造者，是個道德主體。一項行動的價值較有賴於其後果而非意圖。

從本文到論證──文本閱讀1-1、1-2、1-3
從前面所舉的三個文本出發，針對下述主題，建立一個正反論點相對的題綱，並舉出例子。
主題：道德所指的是否就只是服從責任？

Q2：我們是否可以界定出義務責任的界限？

每個人都在責任的完成是有利的或不利的之間掙扎。在某些例外的例子中，有人一反生活的普通狀態，付出超越了自身的能力。這樣的例子在道德的層次上價值為何？

文本閱讀 2-1

柏格森

昂希・柏格森 Henri Bergson
1859-1941

總是多做一點：英雄與聖人的典範

在這個文本中，柏格森區分了兩種形式的道德：一種是一般人，屈從於社會壓力而履行自己的責任，另一種是聖人與英雄的超凡道德，他們出於對善的渴望與憧憬而行動。

在歷史上，總會出現一些超凡的人，展現這種道德。在基督教的聖人出現之前，我們便已認識了希臘的智者、以色列的先知、佛教的阿羅漢[1]及其他範例。是對他們的相信，讓我們能擁有這種完整的道德，以更好的行動召喚著**絕對**。[…]在至今依舊成問題的道德[2]與我們著手研究的那種道德[3]之間，在道德的極小與極大之間，在道德的兩種界限之間，甚至讓我們越發感到某種道德天性的差異，而非程度上的不同。儘管前者是如此純粹與完美而歸結為普遍箴言，後者卻為了完全作為自身，展現在一個特別的人身上，而成為一個典範。前一種道德的普遍性有賴於對某項法則的普世接受，後一種道德則在於對某個典範的共同模仿。

為何聖人有這麼多的模仿者，又為何偉人會有這麼多跟隨的群眾？他們什麼也沒要求，但他們贏得了[這些追隨者]。他們無需勸勉他人；他們只要存在就夠了；他們的存在就是種召喚。

柏格森，《道德與宗教的兩種起源》，1932。

關鍵字區分

絕對（abslou）／相對（relatif）

絕對的道德傾向於自身的完善，例如英雄或是聖人的範例見證，他們在衝勁或是寬容上，超出了人類的能力範圍。相對的道德是根據特定群體的規範，在社會壓力下，人們行動的道德。

1 | 在佛教中的覺醒者，在沒有導師介入的情況下，自行獲得了某種內在的感悟。
2 | 在封閉的社會中，各種義務有效地透過社會壓力的現象來傳播。
3 | 在開放社會中，在某些特殊的個人身上，他們能夠思考人類整體的利益，並讓某種愛誕生。

Q：柏格森表達了普通人與超凡之人的差異時，用了「天性的差異」這樣的字眼。這是有道理的嗎？普通人有辦法成為英雄或是聖人嗎？

超越責任的哲學旨趣

為何難以為責任界定界限？

不同於法定義務（例如專業義務），道德責任並沒有由文本或是規範所界定的明確界限。這些責任可能作為普遍要求（例如幫助他人、支持人道或是保護自然環境等）出現。這些道德義務範圍很寬，並不由我們可做什麼的界限來確定。[…] 因此，幫助他人的要求是沒有界限的，我永遠可以做得更多。[…] 唯一的界限是我的身體與心理能力。這種更多地付出自己的傾向，可因為宗教或是人道理念而加強。如果難以界定責任的界限，這是因為道德責任的本質，但也是根據個人的態度：如果某個人有非常強烈的內在要求，如果他是非常利他主義或是非常完美主義的人，他就會傾向於不對自認為是責任的內容設立界限。[…] 某些哲學家，像是康德，就是這樣想的，即如果我們為責任設定界限，[…] 我們就給了懶惰與缺乏行動某種藉口。

對於超越責任的行動，當代哲學為什麼關心？

英雄主義或是神聖道德的行動是讓人著迷的，因為，比起我們平常所完成的行動，他們的行動走得更遠。一個人在面對瘋狂殺手時用自己的身體阻止對方，好讓其他人能逃脫，這向我們展現了，作為一個人，徹底犧牲自己的私人利益是可能的。[…] 這對我們當中的每個男男女女提出了問題：如果我置身這樣的處境，我該怎麼做？這也對當代哲學提出了一個問題：這樣的行動是否真的超越了責任，抑或這在根本上是「正常」的、符合責任的行動，只是我們不敢履行？例如在二戰期間，那些冒著生命危險拯救猶太人家庭，讓他們能逃過納粹迫害的人。我們或許可以說，一方面，這些人證明了某種特殊的英雄主義，超越了責任，但我們也能說，另一方面，這些人只是履行他們的責任——這倒是他們自己經常表示的 […]。

| 皮耶神父（L'abbé Pierre）和遊民在巴黎，1954年2月。

英雄主義或是神聖的行動是否在道德上值得讚揚？我們能舉出例子嗎？

這些行動有某種吸引人的特性，它們向我們展示出道德並不只是由不具個性的普遍規範所構成。我們可以說，這些人——用柏格森的字眼來說——「他們的存在就是種召喚」。他們的生命、他們的行動是某種可能是正面的理念的載體，因此，理論上，利他主義在道德上是值得讚揚的。[…] 然而，我們可以自問：這些人的典範是否真的可以普遍化到所有人身上？[…] 自我犧牲可能掩蓋了自我厭惡，甚至是某種對生命的拒斥或是自殺的態度。因此，英雄主義或是神聖的行動可以給予我們啟發，滋養我們的自我反思，但這不表示我們要純粹

或是單純地模仿這些行動，以不表示要將這些行動理想化。每個人要在自己的處境中發展他的道德生活，並做出與自己相近的選擇。

賈尼奧的訪談，著有《超越責任》，雷恩(Rennes)大學出版社，2007。

Q：為何康德的哲學鼓勵不為責任訂定界限？

Q：對於英雄或是聖人的著迷該如何解釋？

文本閱讀 2-3

鄂蘭

漢娜・鄂蘭 Hannah Arendt
1906-1975

責任道德的界限

鄂蘭出席了納粹戰犯艾希曼的審判，她在這個文本中分析艾希曼的論點：他聲稱自己只是出於責任而行動。

儘管他 [艾希曼] 能下判斷，但在他所做的一切事情上，他只是作為服從法律的公民而行動。「他盡自己的責任」，這話他對警察和在法庭上重複了上千遍。[…] 艾希曼懷疑過在這所有事情中，他的案例並不僅是執行暴虐命令的士兵 […]。他模糊地感覺到這點。在警察偵訊他的過程中，我們第一次發現，艾希曼突然宣稱，一字一句地強調，他一輩子都根據康德的道德箴言而活，特別是根據康德對責任所下的定義。乍看之下，這似乎侮辱了康德。同時這也令人難以理解，康德的道德哲學，事實上與人類所擁有的判斷能力密切相關，而且排除了盲目的服從。警察並未繼續強調這點，但對於艾希曼膽敢援引康德之名，並將之連結到自己的犯行，拉維法官出於好奇或是憤怒，決定質問被告。驚愕的艾希曼對康德的無上命令給出了一個約略但正確的定義：「我想說的是，關於康德，我意志的原則永遠應該能成為普遍法律的原則。」

鄂蘭，《平凡的邪惡》，A. Henri 譯本，「Folio Histoire」系列，
©Gallimard，1991，255-256頁。

Q：艾希曼對康德的思想是給出了適切的解釋，還是曲解了它？為什麼？

Q3：義務責任與權利是相互呼應的嗎？

▶見第一冊的〈正義與法律〉〈國家〉

1. 哪種權利對應於哪種責任？

　　人與人之間的相互義務責任原則，是一種理想，並不總是對應到社會或政治現實。在人與人之間的實際關係上，經常都顯然有不利於某方的權力關係，主體間的界限並不總是受到尊重，而有權力的一方就會覺得自己有權利強迫他人服從。盧梭拒絕所謂的最強者權利，因為弱者沒有服從的義務。（▶見文本閱讀3-1，63頁）

2. 權利與責任義務的分配

　　在民主政體下，每個人都有各種平等而相互的權利與責任義務，例如：我可以表達我的意見，只要其他人有相同權利，而我們都有尊重這項權利的責任。根據庫桑的看法，這是因為他者與自我都是自由而平等的主體，我們的權利與責任彼此相倚，如此我們才會共同存在（▶見文本閱讀3-2，64頁）。權利與責任義務的相互性原則與人類真實處境中的不平等互相衝突。某些人較富有、權勢較大、機會較多。比起那些條件較差的人，我們能不能認為條件佳的人責任更大？為了回答這一類問題，並建立一個社會正義的平衡體系，羅爾斯設想：權利與責任義務在社會中應該如何分配（▶見文本閱讀3-3，65頁）？

Q：在公民之間，是否有某些共同的東西？

| 北京，1989年6月3日，在中國軍隊面前的一位抗爭者。

在理性上，不存在最強者的權利

　　盧梭在這個文本中駁斥了所謂最強者的權利。強者存在是個事實，但並不對應於某項責任義務的權利。最強者權利這個錯誤的論點只是在合理化暴君與絕對君王的權力。

　　如果最強者不將他的權力轉化為權利，並將服從轉化為責任，最強者永遠不會強到足以永遠當主人。這就是最強者權利的由來。權利這詞表面上看來諷刺，現實上卻已被建立為一種原則。但就沒有人要為我們解釋一下這個字眼嗎？強力是種物理性的力量；我完全看不出來強力的作用能產生什麼道德。在強力面前屈服，這種行動乃是出於必要，而非出於意願，充其量不過是種謹慎的行動。這在什麼意義上能被當成是一種責任？

　　我們姑且假設有這種所謂的權利。我認為這也只會產生某種無法

文本閱讀 3-1

盧梭

讓・雅克・盧梭
Jean-Jacques Rousseau
1712-1778

關鍵字區分

事實上（en fait）/法理上（en droit）

盧梭在《社會契約論》的緒論中，提出了這項對立：「人生而自由，卻無往而不在枷鎖中。」人類在法理上是平等而獨立的，卻在事實上服從於他人。

解釋的胡言亂語[1]；因為，只要構成權利的是強力，那結果就會隨著原因而改變，所有後繼而起的強力繼承了前者的權利。只要人們能夠拒絕服從而不受懲罰，那人們就能合法地這樣做，而既然最強者總是合理，那問題就只在於如何讓自己成為最強者。然而，當強力不再存在便消失的權利，算什麼權利呢？如果必須因為強力而服從，我們就不需要因為責任義務而服從；如果我們不再迫於強力而服從，我們就沒有服從的義務。因此，我們可以看到，權利這個字並不為強力添加任何東西；它在此沒有任何意義。[⋯] 因此，我們可以同意，權利並不由強力所構成，而只有具有正當性的力量，我們才有服從的義務。

1 | Galimatias，無法理解的語言

盧梭，《社會契約論》，〈卷一，第三章〉，「Pleiade」系列，© Gallimard，354頁。

Q：盧梭說明了，具有正當性的權力不能建立在強力之上，以此建構出與權利相應的責任義務。請解釋此處的相互關係。

Q：盧梭運用歸謬法，其方式如下：先假設反命題成立─詳述各個結果─總結強調結果中的荒謬─因此，起初的原則必然是錯的。請將文本按照這些階段進行分段。

文本閱讀3-2

庫桑

維克多・庫桑 Victor Cousin
1792-1867

權利與義務是同一種關係的兩個面向

作者明確指出義務與權利為何應該具有相互性。

　　我尊重您的義務，是我得到您的尊重的權利；反之亦然，您對我所負的義務，就是我對您所擁有的權利。您與我對彼此都沒有任何權利，除非我們彼此都負有相互尊重的責任。[⋯] 事實上，什麼是──我們不會對自己或是他人過度重述──什麼是我得到您的尊重的權力。如果不是因為我是個自由的存在，所以您有尊重我的責任，那還會是什麼呢？但您自己，您是個自由的存在，而我的權利與您的義務的基礎，對您而言便成為某種平等權利的基礎，對我而言，則成為某種平等義務的基礎。

庫桑，《正義與慈愛》，Didot，1849，28頁。

Q：每種對於他人的義務都對應於他的某種權利。請解釋並舉例。

Q：這個文本所屬的背景是道德的還是政治的？請提出理由來回答。

如何在社會中分派權利與義務？

在這個文本中，羅爾斯創造了一個哲學假定：將人們放在「無知之幕」後頭，不讓他們知道自己所屬的社會位置。理論上，他們應該會為自己未來的社會選擇一個符合社會正義的體系。他們會如何設立權利與義務？

我認為，在最初情境下的人們會選擇兩個相當不同的原則。第一個原則要求基本權利與義務的平等分配。而第二個原則主張，社會與經濟的不平等（例如財富與權威的不平等），唯有能為每個人，特別是社會上最劣勢的成員，都帶來利益的補償時，才是正義的。在這些原則下，不能拿「少數人承受的不幸可以被整體的更大利益抵消」來為制度辯護。在某些情況下，讓某些人擁有較少以讓其他人得以發展，或許是權宜之計，但這並不正義。然而，若為了改善不幸者的處境，使得少數人獲得更多利益，亦無不正義之處。[…] 當我們決定尋找一個正義的概念，它能讓天賦與社會處境的偶然性不致成為追求政治經濟優勢的籌碼時，我們就會被導向這些原則。

羅爾斯，《正義論》，1971，根據原文校譯。

Q：羅爾斯的第一個原則：人們選擇基本權利與義務的平等。這有什麼好處？這些權利與義務是什麼？

Q：羅爾斯的第二個原則：人們選擇某種資源與權力的不平等。世上存在某些不平等的權力與義務嗎？最富有的人、職位最重要的人，比其他人負有更多的責任嗎？

延伸思考

OUVERTURE

我們是否能擺脫義務之間的衝突？

高乃依（Pierre Corneille）的《熙德》（*Le Cid*, 1636）

| 高乃依的《熙德》，杜阿黑克（Thomas Le Douarec）導演，巴黎，柯梅迪劇場，2009。

唐·羅德里格：
我聞到了艱辛的戰鬥！
我的愛對抗著我的榮譽：
必須為父親雪恥，丟下情人。
一個激勵我的心，另一個則拉住我的手。
僅剩可悲的選擇，在背叛我的熾熱的情感，
與在屈辱中苟活之間，
兩邊都讓我痛苦無比。
神啊，這是多奇特的懲罰！
該任由這屈辱不受懲處嗎？
還是該處罰施曼娜的父親？
父親、情人，榮譽、愛情，
高貴而痛苦的束縛，令人愛慕的暴君。
我所有的樂趣都已死去，
榮耀已被敗壞。
一個讓我不幸，
另一個讓我不配再活下去。

高乃依，《熙德》，第一幕，第六場

情節

羅德里格的父親與施曼娜的父親約定要讓子女成親，但兩個父親因相同的野心（成為君王的家庭教師）而彼此對立。唐·羅德里格認為自己背負父親唐·迪亞哥託付的重責，要報復施曼娜的父親唐·格緬對他父親的汙辱。在愛情與家族榮譽之間游移不定的唐·羅德里格殺了唐·格緬。但故事結束時他依舊和施曼娜結婚。

高乃依式的兩難

在文學中（在心理學以及哲學亦然），唐·羅德里格成為被兩種矛盾的責任撕裂的人物典型。我們用「兩難」來表示這種不可能的選擇。

不可能之事的實現

　　高乃依式的兩難展現出某種悲劇情境，本應指向愛情的終結。然而，高乃依按照人物的真實故事，讓事實優先於可能，選擇讓他的角色施曼娜和謀殺她父親的人成婚。這件不太可能之事對當時的觀眾造成的巨大衝擊更甚於唐・羅德里格最終的重述：「如果我必須這麼做，我還會再做一次。」（第三幕，第四場）。唐・羅德里格還會再做的，是指他的義務，即不惜任何代價贏得勝利來尊崇榮譽。

哲學練習：義務之間的衝突

1. 唐・羅德里格必須在哪兩種彼此對立的價值之間做出選擇？為何這些價值會在尊重它的人物面前被提起？
2. 在第四場中，施曼娜的名字重複出現在每句詩的結尾，表達唐・羅德里格深沉的悔恨。這該如何詮釋？為何捍衛榮譽的義務在這個社會中被列為最優先的義務？
3. 對你而言，哪個看來比較不可能？是施曼娜的寬恕還是唐・羅德里格的固執？
4. 從這段引文中，我們學到什麼關於義務的邏輯？我們永遠會選擇盡義務嗎？這麼做的時候，我們不會重複犯下同樣的錯誤嗎？

哲學練習

―――＋―――

EXERCICES

練習1　掌握詞彙

1. 什麼是道德規定？是某種禁止嗎？請舉例說明為何同一項道德義務有時會採正面表述，有時會採負面表述（例如：你不可殺人─你應當尊重他人的生命）。

2. 義務包含了普世義務（對所有文化都適用，例如：禁止亂倫）、一般義務（對同一社會中的所有成員適用）、特殊義務（對某個文化群體適用），或是個人義務（只適用於某一個人）。為每種義務舉出至少一個例子，並證實你把這些例子歸到正確的類別裡。

3. 什麼是職業道德？請舉出幾個職業道德規範（記者、醫生、教授等等）的例子。

練習2　掌握詞彙 ▶見第一冊的〈正義與法律〉

區分：

a. 社會責任（義務）─公民責任（義務）

b. 自然權利─公民權利

c. 不合法─不文明

練習3　舉例 ▶見第一冊的〈正義與法律〉

在民主政體下，國民擁有一定數量的公民自由（權利），這些自由對應於同樣數量的責任。例如，如果我有權利擁有私有財產，我就有責任尊重他人的私有財產（偷竊是不允許的）。請舉出其他例子。

練習4　分析下列陳述

以下是關於責任義務的著名陳述。這些陳述在表達什麼？它們的道德或是社會價值為何？

──「己所不欲，勿施於人。」

──「你當尊重父母。」

──「禁止是被禁止的。」

──「每天吃五種蔬果。」

練習5　理解概念區別

普世（普遍）道德：在《道德形而上學的基礎》中，康德將普世義務定義為「尊重所有人的尊嚴」。這指的是，一個人在行動時，永遠將所有人（不分他人或自己）當成是目的本身，而不僅是手段。你認為這項原則如何應用在現實上？我們還能找到哪些普世義務？

特殊職業道德：例如醫療職業道德。請在《醫師誓詞》（希波克拉底誓詞）中找出主要義務的陳述。《醫療職業道德法典》第三十五條指出，醫師的義務在於給予病患「忠實、清楚而合宜的訊息」。你怎麼看這項義務？

練習5試答

1. 根據康德的看法，人作為人，擁有某種尊嚴、某種絕對價值，因為他不能被標上商品價格，像是在買賣、操縱、隨意毀壞的物品那樣。

2. 《醫師誓詞》還提出，要有助於病患，或者至少不能損害病患，不使用致命的藥物，尊重病患的隱私等等義務。第三十五條包含了：忠實的訊息即誠實的訊息（不欺騙），必須清楚而易懂，容易理解（相對於大量技術字眼），必須是合宜的訊息，即適合病人處境的訊息（我們不會對癌症病患粗魯地宣布診斷預測）。

練習6　理解文本

　　一個無法履行對他人的義務的人，儘管就他而言是缺乏寬容、善良或是憐憫，但他也看見他對自己活著所應負的義務，這樣的人還是擁有某些內在價值。因此，違背了自己的義務責任，便剝奪了一個人的所有價值，而若是違背對他人的義務責任，這只是相對地剝奪了他的價值。[…]我們透過「違背自己的義務責任」提出說明。一個人酗酒並不傷害任何人，而如果他體質強健，那他酗酒很可能也不危害自身，儘管他會受人鄙視。另外，我們對於平庸的奴性並非無動於衷。我們相信，沒有人應該沉溺於酗酒當中，因為這會損害這個人的名譽，並使他失去人性。

康德，《倫理學》，L. Langlois譯本，平裝本，1997，228-229頁。

a. 理解文本
－為何作者堅持完成對自身義務責任的必要性？
－文中例子所指的尊嚴喪失是基於什麼？
b. 強調關鍵
為何「尊重對自己的責任」是「尊重對他人的責任」的條件？
練習解釋文本：寫一篇關於本文及其推論的論文。
推導文本中的問題。

練習7　理解文本 ▶見第一冊的〈正義與法律〉

在拉封丹的寓言〈狼與羊〉裡，兩名主角利用正反論點來理解羊是否冒犯了狼。後者似乎很強調權利的概念。是否真的有些義務責任是羊應該順服的？眾所周知的道德教訓：「最強者的理性永遠是最好的。」是否不符合盧梭的意見？在他看來，並不存在什麼「最強者的權利」，這個字眼本身就是對語言的濫用？

練習8　理解文本 ▶見第一冊的〈正義與法律〉〈國家〉

　　每當法律看似不公正的時候，一個正面、普遍、毫無保留的義務，就是不要執行這項法律。這種消極抵抗不會引發動亂、革命，也不會造成失序；當不公不義統治著眾人時，如果我們看到有罪的掌權者平白無故地擬定了嗜血的法律，剝奪多數人的權利，大肆逮捕與放逐，那麼，如果在這些掌權者的權勢底下呻吟的廣大而沉默的人民都不履行他們的不公不義，不與他們的罪惡同謀，那就會是個美妙的場景。如果一個人出力協助他自己認為不公正的法律；如果一個法官認為他所待的法庭是非法的，或是宣告了他不同意的判決；如果一個大臣違背自己的良知，下令執行一項政令；知道某個嘍囉是無辜的還逮捕他，把他交給劊子手；這些都是無可辯解的。

貢斯當，〈個人權利〉，《論政治》，「Folio」系列，
©Gallimard, 巴黎，1997，520-521頁。

a. 理解文本

什麼是不公正的法律？請舉一個例子。一個政體是否能建立在一套不公正的法律之上？

b. 重點強調

按照作者的看法，為什麼「協助自己認為不公正的法律的人」無可辯解？反抗的權利基於什麼進一步轉化為義務責任？

我們如何避免成為不公正的法律的幫凶？在本文中所提議的反抗與巴托比這個人物的態度之間，我們可以做出什麼樣的對照？(▶見文本閱讀，52頁)

練習解釋文本：請明確提出作者的命題。我們是否總是能捍衛反抗權威的權利？這項權利是否必然沒有限制？

練習8試答

一項不公正的法律，即一項不正義的法律，像是歧視性的法律（針對特定種族或是性別，禁止獲得公民權或是雇用），會與公民所認為的平等及道德感對立。一個只建立在這種法律之上的政體，會獨厚某人、某個集團，或是全體人民中的某個類別，同時會有遭到挑戰甚至反抗的風險。一個人協助某項他自己判斷為不公正的法律，違反良知的見證，於是就成為他所鄙視的政體的同謀。他無可辯解，因為沒有任何道德、任何權利能支持他所同意的立場。我們可能會成為此一政體的同謀，像是熱心舉報其他公民（通敵的態度）。在國家不尊重個人的基本自由、濫用權力並威脅人民時，便可行使反抗的權利。巴托比代表了某種個人層次的反抗，反對抄寫員工作中的那種疏離特質。

練習9　論文練習 ▶見第一冊的〈正義與法律〉〈國家〉

主題：正義是否以權利和責任之間的相互性為前提？

針對下面題綱的每個部分撰寫論點：

■ **命題**：政治上正義意味著公民之間的平等，他們因而擁有對等的權利與責任。

■ **反題**：但社會正義還應該照顧到弱者與劣勢者，給予他們更多權利，或是將責任（義務）轉移給其他人。

■ **綜合**：正義應該讓「必要的平等」與「不可避免的不平等」共存。請用羅爾斯的文本（65頁）說明這個觀念。

練習10　影像分析

1. 軍事義務是公民的一般義務嗎？
2. 這個影像以什麼方式暗示必須服從軍事義務？
3. 我們是否有責任成為英雄？

| 美國徵兵海報

綜合整理

定義

責任是由自由的主體所擔負的義務。

(提問) **Q1：是什麼賦予義務責任某種道德價值？**

(癥結)
這個問題要求我們反思，一個人依照義務責任而行動的態度中，什麼是真正合乎道德的，什麼不是（必須找出道德的判準：意圖純粹、義務責任的普世性、對人的尊重，等等）？

(答題方向)
根據康德的看法，義務沒有道德價值，除非這項義務尊重自身，獨立於一切偏好。行動符合道德的人之所以盡義務，是因為這項義務在理性上值得服從。
根據彌爾的看法，將追求道德所需做的一切都建立在義務之上，是過分苛求。情感、利益未必會損害行動的道德性。

(引述)
康德的這個想法可以總結為下述原則：一項行動只有在出於義務，而這項義務又對所有理性的存在者都成立的時候，才有道德價值。
「沒有任何倫理體系能要求我們的動機只出於某種對義務的感覺。」
（彌爾，《效益主義》）

(提問) **Q2：我們是否能界定出義務責任的界限？**

(癥結)
這個問題意味著同時做理論上的反思（義務責任本身是否是無限制的？）與實踐上的反思（在我的工作、我的任務等等方面，我是否能夠、應該做得更多？）。

(答題方向)
柏格森比較著重處理實踐的面向：一個人若是只出於義務責任而行動，他這麼做是透過服從，而非出於對自由的渴望。因此，我們可以做得比自己的責任更多。

(引述)
「儘管自然義務是種壓力或是推力，在完整而完美的道德中，卻有種召喚。」（柏格森，《道德與宗教的兩種起源》）

論文練習：為下述主題寫一篇導論

■ 「熱情會妨礙我們盡義務責任嗎？」（科學組，2000）

■ 「我們只有對他人的義務責任嗎？」（文學組，2006）

4 | 幸福

「在一個人毫無苦痛地走完一生之前，千萬別說他是幸福的。」

|《伊底帕斯王》，史特拉汶斯基作曲，朗格吉（Philip Langridge）飾伊底帕斯，英國國家歌劇院，1991。

伊底帕斯一度相信自己是世上最幸福的人。然而，日後他知道自己事實上是最可憎的罪人，在不知情的情況下犯了殺父娶母的罪，他的幸福（王位、婚姻等）只不過是掩蓋他無邊痛苦的表象。

合唱隊：可憐的世世代代的人類啊，在我看來，你們就只是虛無！所以，一個獲得最大幸福的人，就得表現出幸福的樣子。接著，有了幸福的表象後，卻又消失在視線中，這樣的人算什麼呢？有你的命運作例子，你自己的命運，噢，不幸的伊底帕斯，我再也不能判定人類當中有什麼人會是幸福的了。他曾經追求那最令人仰望的事物，他曾經成為全部財富與幸福的主人。噢，宙斯啊，他曾經擊垮了帶有利爪的預言者[1]。他曾經轟立在我們的城市前方，像銅牆鐵壁一般抵禦死亡。就這樣，伊底帕斯，你曾經被宣告為我們的國王，你接受了至高的榮耀，你統治強大的底比斯。而現在，我們能說有人比你更悲慘嗎？[…]

歌隊長：看啊，我的祖國——底比斯的人民。看，這個伊底帕斯，這個通曉著名謎語的人，他曾位居萬人之上。在他的城裡沒有人不帶著羨慕凝視他的前途。而今，他被拋入了怎樣可怕的悲慘波濤中！因此，對一個必死的人而言，這是這樣的最後一日，必須永遠掛在心上。讓我們小心，在一個人毫無苦痛地走完一生之前，千萬別說他是幸福的。

索弗克勒斯，《伊底帕斯王》，P. Mazon 譯，J. Irigoin 校，「Les Belles Lettres」系列，©Hatier，1999，174-187 頁。

1 | 即人面獅身的斯芬克斯。

一般看法	思考之後
沒有人能免於不幸	我們必須放棄幸福嗎？
正如歌隊長（負責評論劇中情節）所強調的，伊底帕斯曾經十分幸福。他是拯救城市的英雄、臣民尊敬的國君、妻女摯愛的丈夫——他擁有男人所想望的一切。然而，命運為他保留了悲劇的命運。他的幸福轉變為罪惡與羞辱的對象。或許沒有人能抵擋不幸。	為何追逐某種仰賴於機運，而非取決於我們的事物？如果幸福如此飄忽不定，順服於命運無常的反覆，而非臣服於我們的行動與意志，那麼，將幸福作為我們存在的目標似乎毫無意義。為不幸做好準備，更有益處。

沒有人能免於不幸：
這意味著幸福只是機運嗎？

從定義尋找問題意識

定義

> 幸福是種持續滿足的狀態，我們會試圖藉由我們的行動，並按照個人的幸福概念，達到此一狀態。

持續滿足的狀態

幸福是持續處於穩定的狀態，與單純的喜悅或短暫的愉快不同。然而我們永遠無法確定讓我們感到幸福的事物會持續存在。我們能夠持久體驗到某種滿足，而不渴望其他新的事物嗎？「持續滿足」本身不矛盾嗎？

我們試圖藉由我們行動來達到

即便我們的行動取決於我們自身，但行動的結果可能不由我們掌控。因此，努力想達到幸福，並不保證我們就能獲得幸福。

並按照個人的幸福概念，達到此一狀態

每個人對幸福都有特殊的概念，且完全操之在己，毋庸商討。我們未必都想要同樣的東西，而讓一個人幸福的人生可能會讓另一個人不幸，如果這樣的東西不符合他對幸福的構想的話。

> 「什麼都不渴望的人真是不幸啊！他差不多失去了他所擁有的一切。我們想望的事物帶給我們的快樂多過已獲得的東西，我們只有在感到幸福之前，才是幸福的。」——盧梭，《新艾洛伊斯》

定義提出什麼問題？

如果我們藉由時間長短來定義幸福，那我們似乎只能品嘗幸福，而不能獲得幸福。▶ Q1：幸福是幻覺嗎？

所有人都尋求幸福，但很多人都發現了，似乎很少有人獲得或是保有幸福。▶ Q2：幸福取決於我們自身嗎？

如果沒有人能為我們決定什麼能讓我們幸福，那這意味著我們的幸福與他人無關嗎？▶ Q3：他人能讓我幸福嗎？

問題思考

—— ✦ ——

COURS

Q1：幸福是幻覺嗎？

幸福似乎如此罕見又如此脆弱，使得我們不禁自問：幸福是否真的存在？幸福這個字眼，難道不會只是用來表示某種不可能達到的狀態嗎？

1. 人類沒有感受幸福的能力

因為世上有幸福一詞，因此我們相信幸福。但它指出一個永遠無法出現的矛盾現實。因為，幸福似乎取決於兩種無法調和的要求：要擁有幸福，我們必須同時擁有強烈的喜悅以及某種持續穩定的感受。然而，根據叔本華的看法，人類對於自己擁有的事物，並沒有持續感到喜悅的能力，他總是會看到自己缺了什麼（▶見文本閱讀1-1，79頁）。例如：他不會因為自己的自由或是健康而感到幸福，卻會為了自己沒有的資產或是財富而感到不幸。因此，在這些情況下，相信自己能夠幸福可能是虛幻的，人類或許就注定不幸。

2. 幸福是對於我們命運的某種幻覺

如果幸福是不可能的，我們為什麼還會相信幸福？幻覺並不是單純的錯誤，幻覺是種難以擺脫的錯誤，因為它比較適用在我們的欲望，而不是反映真實情況。因此，我們想要相信幸福，是因為我們不想看到自身存在的原貌，即脆弱而注定一死。巴斯卡強調，這根本的不幸與我們人類的本質相關，它是如此巨大，以至於我們願意付出一切以免於思考，這就是巴斯卡所謂的「消遣」（▶見文本閱讀1-2，80頁）。因此，追尋幸福，便只是某種讓我們的心靈忙碌，以免思及我們悲慘處境的方式。

3. 只要不賦予幸福錯誤的概念，就不會有幻覺

在「幸福的人生」與「不幸的人生」之間，確實存在著某種差異。當我們說到幸福的時候，我們並不是說有某種一致的感受持續延伸於整個存在之內。我們所指的，無非是由多元的事件與感受所構成的生活，而總體來說，愉悅比不悅更占優勢。因此，正如彌爾所述（▶見文本閱讀1-3，81頁）：「幸福的人生並不是陶醉到完全渾然忘我的人生。」而是高興與喜悅多於悲痛與受苦的人生。因此，在某種程度上，幸福並不排除不幸。如果我們有正確的觀點，幸福就不是幻覺。

定義

巴斯卡式的消遣（le divertissement pascalien）：根據巴斯卡的看法，人類尋求權力、榮耀等，並非為了幸福，而是為了忘記自己是不幸的。因此，巴斯卡式的消遣指的並不只是娛樂活動，而是一切讓我們不要想到自己的處境與死亡的活動。在此意義上，戰爭及學習數學同樣都是消遣。

Q2：幸福取決於我們自身嗎？

在法文的字源學上，「幸福」本與「機運」有關，一如某些法文片語所表明。「有幸能使某人高興」意味著「某人有機會快樂」。因此，幸福的人首先是得益於某種幸運。

1. 未來不在我們手中

　　人類的存在服從於兩種變化：世界處於不斷的生成變化，而我們也不斷經歷改變。因此，今天讓我們幸福的事物，或許明天就無法讓我們高興了。這種演變是無法預知的。我們無法肯定自己是否能保留讓我們幸福的事物，也無法確定自己的喜好能夠持久。正因如此，盧梭認為各式各樣幸福的打算都是「純屬荒謬」（▶見文本閱讀2-1，81頁），這終究得仰賴偶然與機運。

2. 我們對自己的幸福有責任

　　說「幸福關乎機運」，意味著幸福只取決於外在環境，但這忽略了幸福也取決於主體的期待與判斷。因為幸福不只在於擁有某項財產，而是首先在於這項財產令我滿意的事實。某樣非我所欲的事物，是無法讓我感到幸福的。因此，幸福有主觀的面向。幸福更關乎我與世界的某種關係，而非某個對象。當現實不符合我的意願時，我會感到不幸。然而，如果我並不總是能隨意改變世界，我至少能依我的意願而行。因此，根據奧里略（Marc Aurèle）的看法，一個人為了自己無能為力的事物感到懊惱，就是讓自己處於不幸之中（▶見文本閱讀2-2，82頁）。這是在外在情境之上再加上自身的後悔與憤怒，才造就他的不幸。

3. 真正的幸福是自由

　　自制力除了讓我們免於不幸的感受，也是滿足感的來源。根據笛卡兒的觀點，自制力甚至是真正幸福的唯一形式（▶見文本閱讀2-3，83頁）。無法操之在我的事物，只能為我帶來某種膚淺的喜悅。實際上，既然這些好處得自偶然與外在環境（例如：一筆財富或是某種名聲），我就可能隨時失去。我可以試著抱持幻想，相信我真的擁有這些好處，它們只屬於我。然而，在這種情況下，幸福和酒醉者的醺然快意就沒什麼區別了。為了區別人類的幸福與感官的遲鈍，我們必須承認德性價值先於令人開心的滿足感。而這讓我們能夠思考何謂持久的幸福：行使我的自由意志，而不受外在環境約束，便是滿足感的來源。除了自由，我別無所願，我的幸福完全取決於我自己。

關鍵字區分

客觀（objectif）／主觀（subjectif）

只有一個對象（objet）無法造就幸福，要能讓人幸福，必須符合主體（sujet）內在的意願。這就是為何幸福並沒有普世的定義，幸福取決於我們與世界的主觀關係。單憑外在對象，是無法讓我們自身幸福的。

定義

德性（vertu）：指的是卓越（變得更好），德性讓某事物作為自己並擁有價值，也就是讓某事物符合它之所是。應用在人身上，德性指的是實現自己的人性。對笛卡兒而言，德性就在於善用我們的自由。

Q3：他人能讓我幸福嗎？

對於幸福，每個人總是會有自己的看法，因此怎樣才是幸福的人生，並沒有普世皆準的概念。對此，幸福應該是私人事務。然而，我們如何能設想沒有他人的幸福？

1. 每個人都有自己對幸福的看法

所有人都渴望幸福。然而幸福的構想為個人獨有，各有各的意見（例如：幸福在莫里哀的《無病呻吟》中是健康，在《吝嗇鬼》中是錢財，在《貴人迷》中則是貴族身分等等）。因此，沒有人能將自己的幸福概念強加於他人之上。倘若以善意之名而強行為之，反而會否定個體的自由。因此，我們可以像康德一樣，認為幸福不能由國家來界定（▶見文本閱讀3-1，84頁）。

2. 社會將我的命運與他人的命運聯繫起來

然而，透過間接的方式，幸福也能具備集體的面向。事實上，幸福建立在和他人共同生活為我帶來舒適與安全上。因此，彌爾強調，在平等的社會中，個人之間的利益並不會相互對立，反而會彼此混合（▶見文本閱讀3-2，85頁）。財富的生產預設了共同工作，保護他人的法律也是保護我的法律。

3. 幸福以他人為前提

他人也直接參與了我的幸福。根據亞里斯多德的看法，幸福的人需要朋友，不是為了服侍朋友，而是相反地，為了能夠發揮自己的人性（▶見文本閱讀3-3，86頁）。真正的幸福無法獨自存在。

關鍵字區分

間接（médiat）／直接（immédiat）

社會生活讓我以某種間接的（也就是不直接的）方式，分享了他人的幸福：我能夠直接以他人的好處為目的（例如：我直接試著讓他高興），但我也可以在尋求自身利益的同時，間接地對他人的幸福做出貢獻（例如：我捍衛自己的權利，並因而間接捍衛了所有和我一樣受法律保護的人）。

Q1：幸福是幻覺嗎？

幸福是某種穩定的狀態，不同於簡單的喜悅或是短暫的快樂。但你能想像幸福作為穩定狀態是什麼樣子嗎？幸福要存在，就得不間斷地持續下去。然而，由於我們的存在注定走向死亡，因此幸福是永遠無法保證的。如此看來，真正的幸福，難道只是我們為了免於對生命絕望而抱持的幻覺？

哲人看法

—— + ——

TEXTES

我們沒有能力體會幸福

文本閱讀 1-1

叔本華

阿圖爾·叔本華 Arthur Schopenhauer
1788-1860

　　如果人類是不幸的，難道不正是因為他自己有所欠缺嗎？根據叔本華的看法，人類的本性就是讓我們能感受到「痛苦」而非「缺乏痛苦」。我們沒有能力欣賞存在中的不同美好，而原本這些美好應能讓我們感到幸福。

　　我們感受到的是痛苦，而非沒有痛苦；我們感受到的是憂慮，而非無憂無慮；[我們感受到的]是恐懼，而非安全。我們感受到想望，一如我們感受到飢餓與口渴；但是想望一旦得到滿足，立刻會變得像是我們品嘗過的菜餚，在吞下去的那一刻，我們就不再感受到它的存在。要等到愉悅與喜悅消失，我們才痛苦地懷念它們。但是我們也不會直接感受到痛苦的消失，就算它們是很久後才消失，也頂多是有意地藉著回想這些痛苦的消失，才會想到它們不見了。

　　因為只有痛苦和缺乏能夠肯定地被感受到，並且由此揭示自身，相反的，舒適安好則只能否定地被感受到。因此，同樣地，只要當我們還擁有人生的三大財富：健康、青春與自由，我們就無法察覺到它們；反而只有當我們失去它們之後[，我們才能察覺到它們]，因為它們也是否定面。只有在我們的生活變成不幸時，我們才首次感受到我們的生活曾經是幸福的。當快樂增加時，對快樂的感受便會逐漸降低：習以為常之物不再能被感受為快樂。

　　然而，相同地，對痛苦的感受能力也會由此提高，因為習以為常的快樂消失了才導致痛苦的感受。由此，占有加大我們欲望之所需的尺度，並由此增長了感受痛苦的能力。

叔本華，《作為意志與表象的世界》，
〈第四書之附錄，46節：關於無意義與生命的痛苦〉，
1818，根據原文校譯。

理解命題的論據——文本閱讀 1-1

命題： 人類由於沒有能力感受本應讓他幸福的事物，因此注定不幸。

論據：「幸福 […] 只是種純粹的否定」。幸福並不在於體驗愉快的事物，而在於感受不到令人不快的事物。因此，幸福並不是某種可擁有的財富，而是沒有痛苦。正因如此，我們無法感受到幸福，除非透過反思：對於不存在的事物和什麼也不是的東西，我們無法有直接的感受。

確實理解了嗎？ 根據這個文本，我們如何才能將「痛苦的消失」視為某種財富？這又為何能為叔本華提出的問題帶來解決的可能？

文本閱讀 1-2

巴斯卡

布萊茲・巴斯卡 Blaise Pascal
1623-1662

沒有消遣的國王是不幸的

　　巴斯卡揭露了人們活在什麼樣的幻覺之中：人們按自己的欲望行事、賦予自己的欲望某種重要性，只是為了忘記自己終將一死。在這種對幸福的追逐中，追尋比成功更為重要。我們所尋求的，與其說是幸福，不如說是透過操心某事以忘記我們悲慘的處境。

　　每當我偶爾想起人類各式各樣的紛擾，以及人們自己身處的各種危險和痛苦，在法庭上與戰場上，由此生出許多紛爭、偏見、膽大妄為乃至經常是邪惡的情事等等，我常說，人類一切的不幸都只出於一件事，也就是不懂得待在房裡休息。[…]

　　但當我更仔細思考，在發現了我們一切不幸的原因之後，我想發掘理由何在，而我發現了一個確實的理由，就在於我們的處境本身的不幸。我們脆弱、終將一死，這件事是如此可悲，只要我們稍加仔細思考，便沒有任何事物能安慰我們。

　　我們設想某個處境，聚集所有我們可以擁有的財富，那王位是世上最崇高的位置了吧。但同時，讓我們想像一個國王，他擁有一切可迄及的滿足，但如果沒有任何消遣，而我們又讓他思考、反省自己的存在，那他將完全無法忍受這種萎靡[1]的幸福，因為他必然會想到各種他感受到的威脅、隨時可能的反抗，以及最後是無可避免的疾病與死亡。因此，如果他缺乏我們所謂的消遣，這就是他不幸的所在，並且比他最卑微的臣民還要不幸，至少這些人還懂得尋歡作樂。

1 | Languissant，憂傷、乏力。

巴斯卡，《沉思錄》，〈一三九章〉，1670年。

Q：人類不幸的原因是什麼？理由是什麼？

Q：為何巴斯卡選擇王位作為例子？

別期待生命無法給予的事物

文本閱讀 1-3

彌爾

約翰‧彌爾 John Stuart Mill
1806-1873

　　彌爾想消除某種誤解：如果我們將幸福定義為持續的愉悅，那就會做出「不存在這種狀態」的結論。然而，幸福卻是可能的，只是條件在於，理解到幸福並非與所有的苦難和痛苦毫不相容。簡言之，幸福是存在的，但並非人們所以為的那樣。

　　如果人們用「幸福」這個字眼去指稱某種持續的、最大程度令人喜悅的興奮狀態，這顯然是無法實現之事。激動的愉悅狀態維持不了多久，或者在有中斷的情況下，有時能維持幾個小時或是幾天，那是快樂中明亮而偶然的火花，而非永恆可靠的火焰。那些教導「幸福是生命的目的」的哲學家，和那些責難[1]他們的人一樣，都對此了然於心。他們所謂的[2]幸福人生，並非某種狂喜的人生。幸福的人生只有某些時刻是狂喜的，構成其存在的，是少數斷續的痛苦，與大量多樣的喜悅，以及主動對被動顯然占有的主導地位。這種存在整個建立在「別期待生命無法給予的事物」的概念上。

彌爾，《效益主義》，1861年，G. Tanesse 譯本。

1 | Gourmander，責罵，指責。

2 | 他們所理解的。

Q：為何幸福不能是「某種持續的、最大程度令人喜悅的興奮狀態」？

Q：那該如何定義幸福，以免於製造幻覺？

Q2：幸福取決於我們自身嗎？

人們發現幸福會從自己身邊溜走，因而相信幸福不過是機運。倘若如此，行動還有什麼用？人們忘記了幸福並非某種可以擁有的對象，而是某種精神的稟賦，所以他們無法理解：真正的幸福只取決於自己。

幸福從來都不可靠

文本閱讀 2-1

盧梭

讓‧雅克‧盧梭
Jean-Jacques Rousseau
1712-1778

　　在這個文本中，盧梭強調了某種矛盾：人類的存在具有不連續性、受制於變化，但卻將幸福想像為某種穩定而持續的狀態。

維持不變狀態的幸福，似乎不是為塵世之人而存在的。大地上的一切總是變動不居，沒有東西能擁有始終如一的形式。我們身邊的一切都在變化，就連我們自己也在改變，沒有人能肯定明天是否還會愛著今天所愛的事物。因此我們為今生的福樂所打算的一切都是幻想[1]，讓我們在精神感到滿足時好好把握。注意別讓我們的錯誤將我們推離這樣的滿足，但也別設法強留，因為這些設法都是純粹的瘋狂。我很少看到幸福的人，或許一個也沒看過；但我經常看見滿足的心靈，這是一切讓我印象深刻的事物中最令我高興的。我相信這是我內在情感的各種感受力的自然結果。幸福沒有任何外在的標誌。要認識幸福，就必須閱讀幸福之人的內心。但滿足卻能從眼睛、態度、語氣、步伐中看出來，並且似乎能感染那些注意到的人。人們在過節時沉湎於歡樂之中，所有人的心都洋溢在喜悦的最大光輝之中，但這個喜悦卻活生生地快速消失在生命中，變得晦暗。相較之下，心靈的滿足是否是更為溫和的快樂？

1 | Chimère，不存在的事物，幻覺，妄想。

盧梭，《孤獨漫步者的沉思》，〈漫步之九〉(1778)，「Pléiade」系列，© Gallimard，1959，1084頁。

Q：這個文本的構思是建立在什麼樣的對立觀念之上？

Q：在此「幻想」的同義詞為何？如此看來，盧梭是否想說幸福不過是種幻想？

文本閱讀2-2

奧里略

馬可・奧里略 Marc Aurèle
121-180

人類的不幸是自己的錯

斯多噶派哲學家奧里略提醒：必須區分取決於我們與不取決於我們的事物。人們因為沒有弄清兩者的差別，才會為了欲求自己意志無法掌握的事物而感到不幸。

如果你因為某種外在事物而感到痛苦，並不是此一事物讓你煩亂不安，而是你對它所下的判斷。是否要消除這項判斷取決於你。假如你悲傷的起因是你的內在性情之一，這會讓你無法修正自己的想法嗎？你因為沒有執行看來明智的行動而陷入愁苦，那為何不去做，卻反而任由自己痛苦呢？——但是有強大的阻礙呀！——那就無需愁苦，因為阻礙你的理由並不取決於你。[…]

記住：你理性的意志一旦集中專注，就是不可征服的，它僅止於自身，不做任何自己不想做的事，就算這樣的什麼都不做並沒有經過深思熟慮。那麼，在運用理性與檢驗理性的判斷時，它又會變得如何呢？如此一來，思想擺脫了激情就會成為一座碉堡。人身上沒有什麼比這更堅固的東西，這是難以攻破的避難所。不明白這點的是無知的

人：但明白這點卻又不藏身其中的，則是不幸的人。

奧里略，《沉思錄》，〈卷八〉，E. Bréhier 譯，J. Pépin 審校，
「Pléiade」系列，© Gallimard，1962，1208-1209頁。

理解命題的論據 —— 文本閱讀2-2

命題：按照理性行動的人是自由的，不會淪於不幸。

論據一：當我們的意志與外在世界扞格不入時，我們是不幸的。然而，要是我們的行動能夠改變環境，那就應該行動而非抱怨。不然就是有某些事情我們力有未逮，那麼為此感到遺憾便不合乎理性。

論據一：如果我們並不總是能讓世界回應我們的意願，我們總能改變自己的判斷，讓我們的意願符合這個世界。這種思想的自由就像不可攻破的碉堡一樣，讓我們免於不幸。

確實理解了嗎？理性在面對不幸時，可以扮演何種角色？

真正的幸福並不取決於我們自己

文本閱讀2-3

笛卡兒

荷內・笛卡兒
René Descartes
1623-1662

「至高的幸福」（souverain bien，或稱「至善、最美好的事物」）是高於其他一切的幸福，意即比所有的一切都還要令人更想要的、構成我們生命真實目標的事物。因此，我們所尋求的這種幸福，就涉及了我們對存在的概念以及設想的人生意義。

我有時會自問：比起為了認識各樣事物的正確價值，而擁有更多論述與知識，並因而變得更為悲傷，那高興或滿足於想像自己擁有最大與最可觀的幸福，同時忽略或是不要去審視自己不足之處，是否會更好。如果我認為至高的幸福是喜悅，那我絲毫不會懷疑我們應該努力讓自己高興，不論代價為何，而我也能同意那些藉酒澆愁、沉迷於鼻菸[1]之人的粗蠻。然而我區分了以操持德行為主的至高幸福，和對所有美好的占有——這些美好的獲得取決於我們的自由意志——以及在獲得之後精神上的滿足。這就是為什麼我會公開表明：最好是不要那麼高興，而要有更多認識。因為我了解到，比起對真理無知，認識真理是最大的完善，就算這會給我們帶來損失。此外，我們豈不總是在最滿足的時候感到最高興；相反地，最大的喜悅則是平庸乏味[2]而嚴肅，只有那些庸俗之人才會總是笑口常開。而我完全不同意我們該讓自己被騙，並浸淫在[3]錯誤的想像[4]，好讓自己上當的想法。因為一切的快樂都只能觸及靈魂的表層，然而，體認到這些快樂的虛假，靈魂卻感受到內在的苦澀。

| 樂透，照片剪接作品

1 | Pétun，菸草的古字。
2 | Morne，此處指平靜。
3 | 吸收。
4 | 想像虛假的事物。

笛卡兒，《哲學全集》（卷三），〈致伊莉莎白，1645年10月6日〉，
©Garnier，2010，610-611頁。

Q：文本開頭建議，在兩種存在的概念中做選擇。這兩個選項為何？

Q：請解釋「德行」一詞在此的意思。

Q：笛卡兒的論點在哪方面接近斯多噶派的論點？

理解命題的論據──文本閱讀2-1、2-2、2-3

閱讀這些文本，並經過你個人的反思之後，請試圖找出下述常見觀念的論證與反駁：

──幸福是意志的問題

──面對不幸，我們無能為力

請在每一項都明確指出「支持」與「反對」的論證，清楚定義在陳述中出現的概念。請舉例以說明每個論據。

Q3：他人能讓我幸福嗎？

如果沒有人能替我決定什麼能讓我幸福，那是否得如此推斷：我的幸福只與我有關？但我不太可能獨自獲得幸福，他人對我的幸福而言或許是必要的。這可能是因為一個完整的人的存在，意味著生活於社會中。

文本閱讀3-1

康德

依曼努爾‧康德 Emmanuel Kant
1724-1804

沒有人能決定什麼是我的幸福

　　官方對公眾定義幸福，可能只會流於專制的形式，「人所能設想的最大幸福」，因為這幸福看似運作於令人安心的表象底下，而沒說幸福是什麼。

　　沒有人能夠強迫我依照他的方式（他設想其他人福祉的方式）來獲得幸福，而是每一個人都可以用他所認為的好的方式去尋求自己的幸福，只要他不傷害他人追求類似目的時的自由，按照一種可能的普遍法律，這個目的和每個人的自由是共存的（亦即他人的法權）。──若一個政府，以如父親對待子女的方式建立對人民的仁愛原則，也就是，一個父親般的政權（imperium paternale），其子民猶如未成年的孩童，無能分辨究竟什麼是真正對他們有益的或是有害的，被迫只能被動行事：期待通過國家元首的判斷（國家元首也確實願意子民獲得幸福），期待以他的善意來獲得他們應當獲得幸福的方式──這樣的政府就是我們所能想像的最大的專制主義（一種取消所有子民自由的憲政，人民也無任何法權可言）。

康德，〈論俗語所謂：在理論上或許是正確的，但卻不適用於實踐〉（1793），根據原文校譯。

Q：在什麼條件下，我可以把幸福定義為我所想要的幸福？

Q：為何對孩子的「家父長主義」是正當的，但對公民就是不正當的？

我的幸福與他人的幸福，有牢不可破的連結

文本閱讀 **3-2**

彌爾

約翰‧彌爾 John Stuart Mill
1806-1873

生活在社會中的事實，不能讓我們將幸福視為某種純屬個人的追尋。我的利益與他人的利益相連，我的幸福必然具有集體的面向。

　　人人平等的社會只能存在於某種理解之上，即所有人的利益都應被平等地納入考量。而既然在所有文明的國家裡，除了絕對君主之外，每個人都有其他和他平等的人，那每個人就都必須平等地與他人共同生活。而每個時期都標誌著某種進步，朝向某種狀況的實現，以至於不可能長久地在這樣的情況下不和他人共同生活。這樣，人們無法將「完全忽視他人的利益」設想為可能的情況。在這樣的必要性下，他們認為自己至少避開了會對自己產生最大危害的行為，並且（就算只為了保護自己）會持續反對這種危害自己的行為。他們也熟悉與他人合作的事實，以及（至少在當下）將集體利益而非個人利益視為他們行動的目標。只要他們繼續合作，他們的目標就會被視為和他人的目標一致；那就至少會有種暫時的感受，覺得他人的利益就是自己的利益。

彌爾，《效益主義》，1861，G. Tanesse 譯本。

理解命題的論據——文本閱讀 3-2

命題：社會生活讓我的利益與他人的利益相連結。

論據一：在人人平等的社會裡，法律對所有人一視同仁。藉由對他人不心懷偏見，我尊重了給予我平等保護的法律；反之亦然，藉由捍衛我的權利，我也捍衛了其他人的權利。

論據二：社會組織要求相互合作。為了生產財富，我必須與他人協調，而實現這項工作，讓我們有相同的目標。我們的目的因而混合在一起。

確實理解了嗎？我是否能藉由利他的行為，而參與他人的幸福？

文本閱讀 3-3

亞里斯多德

亞里斯多德 Aristote
公元前 384-322

幸福需要友誼

　　為何幸福的人需要朋友？不正是體認到自己有所缺乏，以及自己的幸福並不完整嗎？亞里斯多德提醒我們，人無法獨善其身。幸福從來不是僅限於個人的事情。

　　關於幸福之人是否需要朋友，存在一個爭議。人們宣稱那些極度幸福與自給自足的人不需要任何朋友：他們已經擁有眾多善的事物，以致能自給自足，不再需要任何東西。然而，朋友作為另一個自己，能提供我們自己無法獲得的。格言說：「交上好運，何需朋友？」但在我們將一切好處歸給幸福的人時，卻沒分派朋友給他，這似乎難以理解，因為擁有朋友通常會被認為是最大的外在善。此外，如果朋友的本質在於給予而非接受益處，而良善有德之人的本質在於散發恩惠，而最後，如果善待朋友比善待陌生人更加高貴，那有德性的人就會需要朋友去接受他表現的善行。為此，人們進一步提問，是在順境還是逆境中比較需要友情？因為我們認為，不幸者需要別人施加善行，幸運的人自己需要有人能讓他們行使善行。而或許同樣難以理解的，是讓一個極度幸福的人離群索居：事實上，沒有人會為了自己的享受而選擇擁有世上的一切的善，因為人類是種政治的存在，天生就要群居生活。因此，在幸福之人那裡，情況也是這樣；因為，他擁有許多自然的善，且跟朋友以及卓越的人一起度日，很明顯要比跟陌生人及碰巧遇上的人一起度日會更好。

亞里斯多德，《尼各馬可倫理學》，第九書（1169b1-20），根據原文校譯。

Q：在你看來，習慣上我們為何認為自己需要朋友？
Q：在本文中，幸福與德性的連結為何？為何這意味著要擁有朋友？

從文本到論證──文本閱讀3-1、3-2、3-3

根據三個文本以及你自身的反思，分析「幸福的權利可能存在嗎？」，並說明問題來自於幸福與權利這兩個概念之間的模稜兩可。

──權利的概念讓人想到所對應的義務概念。因此，「幸福的權利」的前提是什麼？

──請說明文本閱讀3-1如何提出「幸福的權利」這個概念的根本問題。為何不可能有法律意義上的「幸福的權利」？

──文本閱讀3-2連結了社會的概念與權利的概念。然而，這個情況隱含了什麼與我們相關的幸福定義？為什麼我們可以說這種幸福的定義正是得自於權利，而無需明白強調「幸福的權利」？

──在文本閱讀3-3，亞里斯多德連結了幸福與人性的概念。各種「人權」為何具有「幸福的權利」的性質？

長文閱讀

TEXTES LONG

亞里斯多德,《尼各馬可倫理學》,〈第一書〉

口試

> ### 幸福是什麼?

1. 是否可能為幸福下一個普遍的定義?

什麼樣才是值得過的一生?所有人都追尋幸福,但他們想像幸福的方式各不相同:有些人認為幸福在於享樂,有些人認為在於社會成就,還有人認為幸福在於財富。如此看來,是否可能為幸福下一個普遍的定義?

2. 幸福就是目的本身

這些不同的生命選擇無法變得一樣,它們之所以遭受批評,有個簡單又合理的理由,就是這些選擇無法讓我們幸福。因此,很可能是,那些無法超越即時感官享樂的人,將無法認識持久的滿足。人們也可能錯將幸福的手段當成目的,例如:人們會混淆財富與想購買的東西,混淆榮譽與人們用榮譽來證明的事物等等。相反地,真正的幸福永遠只會因其自身而被需要,它應該就是目的本身,作為「至善」,並超越其他事物。但是,什麼目的才可以是就其自身而被欲求呢?

| 歐仁‧德拉克羅瓦,《薩達那帕拉之死》,1827年,油畫(392 × 496公分),收藏於巴黎羅浮宮。為了不讓任何財富落入敵人之手,戰敗後被圍困的薩達那帕拉在放火燒掉皇宮自殺前,下令殺死自己的后妃與馬匹。

Q:請說明德拉克羅瓦這幅畫如何同時展現畫中人物的富裕與殘酷。

長文閱讀

亞里斯多德

亞里斯多德 Aristote
公元前384-322

作品介紹

《尼各馬可倫理學》是亞里斯多德探討道德的主要作品。這是他寫給兒子的哲學論文,共有十書,內容敘述了亞里斯多德在學院內的授課。《尼各馬可倫理學》的〈第一書〉特別討論了幸福,這是亞里斯多德道德的起點。事實上,透過嘗試理解要如何做才能說明自己的存在,這位哲學家回頭自問:是什麼讓人的生命有價值?因此,道德並不對立於幸福,相反地,一個人只有完成自己生來應做的事才能幸福。

第三章：關於幸福本質的流行學說：享樂、榮譽、財富

　　讓我們回到先前岔開的主題。不難理解人們根據自己的生活來構想善與幸福。群眾與最粗鄙的人都認為幸福就是享樂，這就是為什麼他們都偏好享樂的生活。生活的主要類型有三種：我們才剛提過的那種、政治生活，以及第三種思考的生活。這些群眾選擇了適合動物的生活，看似具相當奴性，但仍值得重視，因為許多領導階層的人都跟薩達那帕拉一樣。

　　有品味、積極行動的人偏好榮譽，因為這榮譽終究是政治生活的目的。但是榮譽作為我們[進行倫理學]探究的目標，似乎過於膚淺，因為榮譽取決於給予榮譽者甚於接受榮譽者；相對地，我們認為善是個人的，他人難以從我們身上奪走。此外，他們追求榮譽，似乎只是為了說服自己，自己是好的；他們尋求明智者和周遭認識的人表彰他們以自身德性獲得的榮譽。德性勝於榮譽，至少在那些依此而行的人眼中是這樣，這很清楚。

　　我們或許也可以假設：政治生活的目的乃是德性，而非榮譽。然而德性似乎也有所不足，因為顯然一個人在睡著或無所事事地虛度一生，或者承受最大的不幸或悲慘至極之事時，也可以擁有德性。然而，若非為了不計代價捍衛某事，沒有人能宣稱這樣活著的人是幸福的。但說到這裡就夠了，這個主題已經在日常討論中得到充分的處理了。

　　第三種生活的類型，是思考的生活，我們將在後面研究。

　　至於營利的生活，是人們被迫如此過活，很明顯地，財富並非我們尋求的善，因為那不過是用來獲得其他事物的實用事物。將我們先前說過的那些當作目的會更好，那些才是因自身而受喜愛的事物。但它們也不是目的，已有人提出許多論證來反駁這點了[視營利為目的]。[…]

第五章：善的本質：完美的目的，自給自足

　　讓我們再次回到我們追尋的目標，也就是善，並問問自己，善究竟是什麼？確實，在我們看來，善似乎在某些活動或是技藝中是一個樣子，在另一些活動或是技藝中又是另一個樣子：醫術上的善不是戰略上的善，其他技藝依此類推。那麼，在每種情況中的善是什麼？難道不是做其他一切事情時的目的嗎？善，在醫療中是健康，在戰略上是勝利，在建築技藝上是房屋，在其他技藝上又是其他東西，但在所有活動、所有選擇中，善都是目的，因為正是為了這個目的，人們才完成其他一切事情。因此，如果有什麼是我們一切活動的目的，那這個就是可實現的善，如果有好幾個這樣的目的，那這些目的就是可實行的善。

本章專門檢視有關幸福的通俗意見。

我們可以發現，人類生活的理想不是在於享樂，就是在於城邦中的生活，或是在於哲學認識。

這個問題將在《尼各馬可倫理學》的書末研究。

為何財富不能是一種絕對的善？

亞里斯多德試圖為「善」下一個一般定義，他指出，善即是目的。因此，善的一般定義所指的，便是找出我們一切活動的一般目的：這就是幸福。

人能自主選擇而負擔道德責任嗎？

關鍵字區分

目的（fin）／原因（cause）

目的是一項行動的目標。例如：在醫學中，藥物是我痊癒的原因，但並不是目的本身：我並不是為了藥物本身而吃藥，不是為了藥物的味道，而是為了痊癒。因此，藥物除了能讓我達到我想要的目的（健康）之外，本身並無價值。

為何幸福是至善？榮譽、享樂、才智等善與至善的差異為何？ ▶

幸福並非眾善中的一種，而是一無所缺的。 ▶

此處所指的是超越善的一般定義的至善：為了要幸福所，需要有哪種生活？ ▶

因此，透過一條不同的途徑，我們的論點導出和先前一樣的結果。但我們應該試著把話說得更清楚。既然有各式各樣的目的，但我們之所以選擇其中的某些目的，是因為其他事物的緣故（例如財富、長笛，以及一般樂器），那顯然這些就不是完美的目的，而至善則毫無疑問是完美的。所以，如果有某樣東西是完美的目的，那就是我們所尋求的善，如果有好幾個這樣的完美目的，那我們尋求的就是其中最完美的那個。因此，我們認定只因自身就值得被追求的事物，比那些因為其他事物才值得被追求的更為完美；我們也主張，完全不因為其他東西而被追求的事物，比既因自身又因其他東西而被追求的事物更為完美，而我們稱那些永遠只因自身也永遠不因其他東西而被追求的事物，在絕對的意義上是完美的。而幸福似乎在最大的程度上是這樣的一種目的，我們選擇幸福總是為了幸福本身，從來不是為了別的事物。相反地，榮譽、享樂、才智，或是任何其他德性，我們肯定都是為了其自身而選擇這些善（就算我們沒有從中得到任何好處，我們還是會選擇這些東西），但我們也為了幸福而選擇它們，因為我們認為，透過這些事物，我們才認為自己變得幸福了。相反地，我們選擇幸福，從來不是為了這些善，總地來說，也不是為了其他事物，而只是為了幸福本身。

我們可以明白，從「自足」這個概念出發，我們也能導出同樣的結論。完美的善似乎是自足的。我們不會對一個獨善其身、過孤獨生活的人說他是自足的，而是對一個跟父母、子女、妻子、朋友和公民同胞一起生活的人這樣說，因為人在本質上就是政治的存在。但應該給這份清單訂個界限，因為清單一旦擴展到祖父母、孫兒後代以及我們朋友的朋友，那就會無限延伸。但我們應將這個問題留待他處。我們將「自足的」理解為只要擁有它，生活就是值得選擇的，無需再擁有其他事物。在我們看來，這就是幸福的特性。我們還可補充一點：幸福也是一切事物中最值得選擇的，不與為數眾多的眾善並列，因為如果幸福屬於眾善之一，那顯然再增加幸福最微小的一點善，都會使幸福更值得選擇：幸福增加一點善就會成為更大的善，而更大的善總是更值得選擇。因此我們就可明白，幸福是種完美、自足的事物，並且是我們行動的目的。

第六章：幸福由人類自身的行動界定

但將幸福等同於至善，似乎只是種所有人都會同意的說法：我們更渴望的，是能夠更清楚地說明幸福的本質。假如我們先界定人類的功能，我們或許可以做到這點。事實上，就像吹笛人、雕塑家或任何工匠，或總地來說任何擁有某種明確的功能或是活動的人一樣，按照流行的觀點，正是在這種功能中，存在著善或是「卓越」[那個更好的東西]，因此，我們可以認為對人類而言也是這樣，只要人類

真的有某種專屬的功能。那是否可能木匠或是鞋匠實踐了某種功能或是活動，但人類卻完全沒有？難道自然讓人類沒有專屬功能嗎？進一步說，正如同眼睛、手、腳，以及，總地來說，身體的各個部位，顯然都有某種必須承擔的功能。那我們難道不應該承認，人類在所有這些活動之外，也有某種確定的功能嗎？但那會是什麼呢？再清楚不過，就活著這個單純的事實而言，就連植物也和人類一樣；但我們所尋求的是專屬於人類的功能。因此，我們應該將營養與成長的生命放一邊。接著就該討論知覺的生命了，但這似乎和馬、牛與一切動物一樣。那麼就剩下某種實踐的生命，出自靈魂的理性部分，這部分擁有理性，一方面是在服從理性的意義上，另一方面是在擁有理性並運用理性的意義上。因此，「理性生活」的說法有兩層意思，我們應該確定，此處指的是從運用理性的觀點來看的生命，因為這層意義上的生命似乎賦予這個字眼最完整的意義。如果人類的專屬功能是靈魂符合理性或不能沒有理性的活動，又如果我們認為這種功能的類型在任何個人身上或在優秀的人身上都一樣（例如，一個豎琴手與一個優秀的豎琴手都是相同的功能類型，其他例子依此類推），德性上的優越總會加到功能之上（豎琴手的功能是演奏豎琴，優秀的豎琴手的功能在於出色地演奏豎琴）；若是如此，如果我們主張人的功能是在某種特定類型的生命之中，亦即某種靈魂的活動與帶有理性的行動裡面；如果一個有德性的人，其功能是完成這項任務，並且要完善、高貴地完成，此外，每件事完善地被完成，就是按照自身專屬之德性被完成：——那麼，在這些條件下，人類的善就是靈魂符合德性的活動，如果德性不只一種，那就是符合其中最出色也最完美的德性的活動。但必須補充的是：「這是一生不斷完成直到生命終點」，因為一隻燕子並不造就春天，單獨一日的時光也一樣：因此至福與幸福並不是單獨一天或是一段短暫時間所造成的。[…]（NE 第一書第 7 章 1097b21-1098a20）

人的功能決定了專屬於人的目的，意即人作為人所能做的事：必須找出人與其他生命形式的不同所在。

感性的生命區分出動物與植物：這指的不單是活著的事實而已，還包括感覺。

那專屬於人的功能是什麼？

單是擁有理性思考的天賦並不夠：還得予以運用。

傳統活動並不在個人之間創造不同的天性；他們或多或少都能好好地執行這項任務，但他們做的是一樣的事。

古羅馬藝術作品中的一名豎琴手，出自義大利那不勒斯省附近斯塔比亞海堡市某處遺跡上的壁畫，約公元一世紀，那不勒斯考古博物館。

人能自主選擇而負擔道德責任嗎？

幸福的定義根本上適用於後續的一切事物，亦即在《尼各馬可倫理學》中所闡述的道德理論。

為何將幸福定義為至善符合幸福的流行看法？

第八章：亞里斯多德對幸福的定義得到通行意見的肯認

但我們研究原則，不只是透過我們的論證的結論與前提來闡釋，而是要進一步透過什麼是人們通常所說的，因為如果一個原則是真的，那所有的事實資料都會相互調和，但如果一個原則是假的，那很快就會與現實不合。

善被劃分成三類：所謂外在的善、靈魂的善與身體的善。靈魂的善是最嚴格以及我們在最大多數情況下所說的善，而靈魂的行動與活動，我們認為是屬於靈魂的。因此，我們的幸福觀點說得很好，因為它符合這個流傳已久並被哲學家認可的意見。我們的觀點也是正確的，因為目的被認為是某種行動與活動。因為這樣子的目的，是屬於靈魂的善而非外在善。另一跟我們的說法相符的觀點是，幸福之人擁有美好的生活與行動；因為我們已經說過幸福就是某種美好生活與美好實踐。再者，幸福所追求的所有東西，也似乎出現在我們的說法中。

亞里斯多德，《尼各馬可倫理學》，〈第一書〉3-8章，根據原文校譯。

口試問題

1. 根據亞里斯多德的觀點，為何幸福的概念會與德性的概念相關？
2. 為何幸福不能在一日內造成？
3. 根據亞里斯多德，哪種類型的生活符合幸福的生活？這假定的是哪種類型的職業？

Q4：非得要道德高尚才能幸福嗎？
▶見本冊的〈義務責任〉

1. 幸福與德性的虛假對立

如果幸福在於實現我們的欲望，那德性既然要求我們控制甚至棄絕欲望，德性就無法與幸福並存。然而，享樂主義所認為那種不分次序也不加挑選地投身於一切享受的快感，卻很少能引導我們得到幸福。放蕩的生活並非幸福的生活，因為人們常為了其他膚淺而短暫的享受，而放棄根本的愉悅。正是因此，根據伊比鳩魯的看法（▶見文本閱讀4-1，93頁），真正的幸福無法與德性——掌控自我與節制——的實踐分開。然而，如果只是因為有利益才接受道德，我們是否還能說自己是有道德的人？塞內卡（▶見文本閱讀4-2，94頁）提醒我們，道德應該只因其自身而被需要。儘管行動會帶來幸福，但其目的在於德性。

定義

根據伊比鳩魯的看法，我們無法透過追逐一切快樂獲得幸福。為了幸福，有時必須要能夠放棄快樂。因此，儘管伊比鳩魯主義認為幸福就是快樂，但卻不是享樂主義（hédonisme，出自希臘文 he-doné，指快樂），而是幸福主義（eudémonisme，出自希臘文 eudaimonia，指幸福）。

| 庫蒂爾，《羅馬人的墮落》，油畫（472 × 722公分），局部，收藏於巴黎奧賽美術館。

2. 德性不能成為幸福的工具

然而，道德義務卻可能與我的幸福互相對立。因此，我得懂得捨棄後者。根據康德的看法（▶見文本閱讀4-3，95頁），比起幸福的生活，高尚的生活才更是人類生活的完成，因為我作為理性存在者的天性指示我必須首先要有道德。道德是「至善」，因此也是其他一切的條件，「甚至是一切幸福願望」的條件。我們也可以揭露道德教訓的幻覺，這種幻覺讓人相信有德性的行為會引領我們獲得幸福。對尼采而言（▶見文本閱讀4-4，96頁），德性並非幸福的緣由，而是幸福的結果。因此，勸我們要有德性毫無用處，德性是我們生存能力的自然結果。

沒有缺乏德性的幸福

文本閱讀 4-1

伊比鳩魯

伊比鳩魯 Épicure
公元前342-270

如果我們將伊比鳩魯主義當成毫無節制地追求一切享樂，我們就錯了。相反地，該學說宣揚的是實踐德性，若無德性，我們便無法得到幸福。

當我們說快樂是目的時，我們說的並不是放蕩者和那些縱情享樂之人的快樂，並非像那些不明白、不同意或是誤解道理的人所以為的那樣，而是身體沒有痛苦，靈魂不受干擾。因為不論是經常的酒席和盛宴、少男少女的歡愉、快樂地享受著豪奢餐桌所擺設的魚肉或是任何其他菜餚，都無法產生幸福生活，幸福生活來自樸實的推理能力，在一切選擇與一切拒絕中尋找其理由，並驅逐讓靈魂產生巨大昏亂[1]的意見。

這一切的原則與最大的善乃是審慎[2]。正是因此，審慎甚至比哲學更寶貴，一切其他德性都出自審慎，因為審慎教導我們，我們生活中若沒有審慎、誠實與公正，就無法在生活中快樂，同樣地，生活中沒有快樂，就沒法過審慎、誠實與公正的生活。事實上，德性本來就自然地連結到快樂生活，而快樂生活與德性也無法分開。

伊比鳩魯，《致麥諾色斯》，M. Conche 譯本，PUF，1987，223-225頁。

Q：我們為什麼必須放棄某些快樂，並限制欲望？
Q：理性在此扮演什麼角色？

文本閱讀4-2

塞內卡

塞內卡 Sénèque
公元前4年－公元65年

必須為了德性本身而渴望德性

對斯多噶派而言，至善並非幸福，而是德性，因此，如果德性的實踐確實讓人得到幸福，也不表示出於德性的行動就是以幸福為目的。幸福是德性的結果，卻不是必須追求德性的理由。

但你也一樣，我聽人說，你培養德性，是因為你期望能得到某種快樂。——首先，要是德性應該帶來某種快樂，人們也不是為此才追求德性：德性不是只產生快樂，而是產生比快樂更多的東西；德性並不為快樂而勞碌，雖然德性致力於完全不同的目的，但也會獲得快樂。它就像收割季節的田野，人們在上面勞動著，花朵盛放，賞心悅目，然而人們耗費大量勞動，並非為了這些雜草[1]（撒種的人是為了完全不同的目的，花朵是額外產生的）；因此，快樂既不是德性的報酬，也不是德性的動機，而是德性的附屬品。德性完全不是為了讓人快樂而散發魅力，但如果德性使人快樂，德性也散發著魅力。至善就在於判斷本身，在優秀靈魂的秉性中。當這個靈魂充分發展，堅持在屬於自己的限度中，至善就得以完成，而靈魂就不再渴望任何其他事物。因為外在什麼都沒有，我們無法超越限度。正是因此，當你問我追求德性的動機為何，你就錯了，因為這樣一來，你就是在尋求至善之外的東西。你問我期待能從德性得到什麼？我只期待德性自身。事實上，沒有比德性更好的東西，德性就是其自身的獎賞。

塞內卡，《幸福人生》（約公元58年），E. Bréhier 譯本，L. Bourgey 審定，
Les Stoïciens，© Gallimard，1962，731-732頁。

關鍵字區分

目的（fin）／原因（cause）

伊比鳩魯主義者和斯多噶派一樣，在德性與幸福之間建立起某種因果關係的連結，但是，在伊比鳩魯主義者看來，幸福是目的（並將德性視為手段，視為幸福人生必要的中介），而斯多噶派則將德性視為目的（幸福則是德性非預期的結果）。

1｜在這段選文，伊比鳩魯提到伊比鳩魯主義哲學的目標：心靈安寧（l'ataraxie），意即靈魂中沒有困擾。照伊比鳩魯主義者的看法，這種精神狀態相當於沒有痛苦的肉體，才是真正的幸福。

2｜審慎在此指的是實踐的德性，意即在計算痛苦和快樂中，恰當地估量什麼是應做之事。

1｜田裡的低矮青草。

人能自主選擇而負擔道德責任嗎？

Q：如何解釋此處所謂的德性會產生幸福？

Q：為何德性的實踐不能有動機？

至善是道德

文本閱讀4-3

康德

依曼努爾·康德 Emmanuel Kant
1724-1804

　　那理性在人類生活扮演何種角色？理性並非只是各種能力的一種，理性的能力界定了「人是什麼」。因此，談論理性所扮演的角色，意味著談論人們該如何運用理性。如果理性幫助我們獲得幸福，意思是我們作為具有理性的存在，應該投入生命以獲得幸福。發現理性的目的就是發現我們存在的目的，也就是界定人類的處境。

　　在一個符合生命目的安排的有職存在者之自然秉賦中，我們所假設的原則是，在這個存在者中，不存在任何一個器官，不是對此目的而言最恰當、最合適的。一個具有理性和意志的存在，若其自然原有的目的就是他的保存、他的福祉——一言以蔽之，他的幸福——那麼，選擇受造物的理性作為完成這項意圖的執行者，自然就對此做了極壞的安排。因為，本能實際上能夠更精確地規定受造物在此意圖之下所實踐的一切行為與舉止的全部規則，並且能夠更可靠地保住那個目的，遠遠勝過以往憑藉理性所能做的 [⋯]。

　　因為，對於意志的對象和我們所有需求的滿足上，理性並無法確實地引導意志（理性有時甚至還會讓需求增加），而與生俱來的自然本能更能確實地引導到此目的。儘管如此，理性是作為一種實踐的能力——也就是說，作為應當對意志產生影響的能力——被分配給我們，也因此，理性真正的使命，就在於產生一個在其他意圖中無法被視為手段、而就自身而言便是善的意志。如果自然在其他地方分配秉賦時，處處均按照目的執行其工作，理性對於 [產生善意志] 這項使命而言，就是絕對必要的。這個 [善] 意志固然可以不是唯一的、全部的善，卻必須是最高的善，同時必須是其他一切善甚至是所有欲求幸福的條件。

康德，《道德形而上學的基礎》，395-396，根據原文校譯。

理解命題的論據——文本閱讀4-3

命題：理性無法讓我們以某種方式獲得幸福，因此，理性的基本功能並非讓我們幸福，而是讓我們成為道德的人。

論據一：康德從一般原則出發，根據這種原則，滿足某項功能的器官，是最適合滿足這項功能的那個器官。若是根據這個假說，對人類而言，理性有何用處？

論據二：然而康德指出了，本能應該要比理性更適合擔任這個角色：思考的行動讓事情變得複雜，並讓本能以簡單而直接的方式描述的事物變得容易出錯。有什麼例子可說明本能比理性更有效？

結論：因此，由上可歸結出：理性的目的與其說是讓我們成為幸福的存在，不如說是讓我們成為道德的存在。理性為我們指出的是本身就是善的事物（道德上的善），而非對我們有好處的事物（即為了獲得幸福）。理性如何能為我們指出什麼是道德的？

文本閱讀4-4

尼采

費德利希·尼采 Friedrich Nietzsche
1844-1900

德性作為幸福的結果

根據尼采的看法，道德訓誡乃建立在一個錯誤之上：這些話語誘使人們相信德行能讓他們幸福，要求人們有德性。但是德性無非是那些明白如何生活、因此已經擁有幸福的人的行為。因此，德性並不是幸福的原因，而是結果。

關於每種宗教與道德的基礎，有個最普遍的公式是：「做這些事，不要做那些事——如此你將會幸福！否則的話……」每一種道德、每一種宗教都是這個命令句[1][…]。在我的口中，那個公式轉變成它的反面——我的「所有價值的重估」的第一個例子：一個成熟的人、一個幸福者必須執行某些行動，並且本能地畏懼其他行動，他將表達其生理的秩序帶入他與人和事的關係中。用公式來說：他的德行[2]是幸福的結果……長壽、多子多孫並不是德行的報酬，相反地，德行自身正是新陳代謝[3]的延緩，帶來長壽與多子多孫的結果[…]。——教會和道德說：「一個種族、一個民族將會因為罪惡與奢侈而毀滅。」我復原的理性說：「當一個民族毀滅、生理衰退之時，由之產生的結果就是罪惡與奢侈（這意味著需求愈來愈強烈與愈頻繁的刺激，就如同一切衰竭的自然所經歷的）。」[…]任何意義上的一切錯誤都是由本能衰退、意志的潰散而產生的結果：藉此幾乎定義了

1｜命令幸福者要有道德。
2｜行動的力量。
3｜軀體維持生命的一切過程。

「壞」。「好」是本能──並因而是輕盈的、必然的、自由的。

尼采，《偶像的黃昏》〈四大謬誤〉2。（KSA 6, 89），根據原文校譯。

Q：說明尼采的主張顛倒一般的觀點：為何我們習慣上認為奢華是社會衰敗的原因？而根據尼采，為何奢華是社會敗壞的結果？

從文本到論證──文本閱讀4-1、4-2、4-3
藉由這些文本與您的反思，請回答下列問題：
──為何人們總想說幸福與道德義務彼此對立？
──說我們若是不道德便無法幸福，這意味著什麼？
──相反地，說我們若不幸福便無法做個有道德的人，這意味著什麼？

延伸思考

+

OUVERTURE

文學

金錢能讓人幸福嗎？

文本：拉封丹寓言：〈鞋匠與富人〉

> 有個鞋匠從早到晚唱著，
> 看到他就使人感到高興，
> 聽到他就讓人愉悅；他讓路過的人
> 比七賢者中的任何一人還要歡喜。
> 相反地，他的鄰居，儘管穿金戴銀，
> 卻很少唱歌，睡得更少。
> 他是富人。
> 有時他在黎明才睡，
> 卻被鞋匠的歌聲吵醒，
> 富人便抱怨，
> 為何神沒想過在市場販賣睡眠，就像在市場販賣吃喝一樣？
> 他在家裡，
> 把鞋匠叫來，對他說：「告訴我，先生，
> 你一年賺多少錢？」「一年？我的天，
> 先生，」
> 快活的鞋匠
> 笑著說：「這完全不是
> 我計算的方法；我完全不會日復一日累積錢財；
> 只要我捱得到年底，
> 每天都有麵包就好了。」
> 「那你一天賺多少？」富人說。
> 「有時多，有時少——總是有糟糕的時候。
> （要不是這樣，我的收入就還過得去）
> 糟糕的是，總有些日子得停工，
> 這些節日害了我們。
> 接二連三：神父先生
> 總是要針對某個新的聖人講道。」
> 他的無知讓富人笑了，
> 對他說：「今天我想讓您登上王座。
> 這一百埃居（按：法國古錢幣）拿去：小心收好了，
> 這是給您需要時用的。」

鞋匠彷彿看到了世上
百年來所有造來供人使用的錢幣。
他回到自己家裡，在地窖裡
同時收起了錢幣和自己的喜樂。
再也沒有歌聲；他失去了歌喉，
在他得到那個讓我們痛苦的東西的那一刻起。
睡眠離開了他家，
憂慮住了進來，
懷疑與無用的驚慌。
他整天張眼警戒，還有晚上，
要是有貓發出聲音，
他也以為貓要偷錢。最後這個可憐的人
跑到不再被吵醒的那人家裡！
「還給我。」他對富人說：「把我的歌和我的睡眠還給我，
把你的一百埃居拿回去。」

拉封丹，《拉封丹寓言》，〈鞋匠與富人〉，1694年。

| 無名氏，〈鞋匠與富人〉插畫，約
1880年。

睡眠與幸福

　　對幸福的追求，在此與能夠入睡這件事情相互混同。富人無法入睡有兩個理由：他的職業本身就會導致失眠，而當他要入睡時，又被鞋匠的歌聲吵醒。正是因此，為了解決第二個問題，他要了個詭計：將一大筆錢交給鞋匠，好讓他失去靈魂的平靜與生活的喜悅。睡眠在此代表了古希臘哲學家所指的「靈魂平靜」，意即心裡沒有煩亂（▶見文本閱讀4-1，93頁）。

練習：一則不含道德教訓的寓言？

1. 這則寓言的「道德教訓」並不明顯。但你是否能提出這則故事所表明的內涵？

2. 為何兩個人物的對立，象徵了兩種對立的幸福觀？這則寓言進行了什麼樣的顛覆？

撰寫一份帶有論證及綜合的文章

　　這個文本能夠以自己的方式，回應下述論文主題：金錢能讓人幸福嗎？請利用文中的分析元素，融入要撰寫的作業之中。

哲 學 時 事

人是否需要他人，才能獲得幸福？

尼可拉・格里馬爾迪（Nicolas Grimaldi, 1933-）是哲學家、巴黎第四大學（索邦）的榮譽教授。著作等身，包括《除魅短論》（1998）、《論忌妒》（2010）以及《虛空之湧動》（2012）。在本文中，他討論了嗜好的主題，並談到提升我們存在的必要——以及困難。

| 愛德華・霍普，《晨光》（1952），油畫（71.4 × 101.9公分），收藏於美國俄亥俄州哥倫布市立美術館。

哲學雜誌（以下簡稱「哲」）：格里馬爾迪，來談談愛吧？

格里馬爾迪（以下簡稱「格」）：樂意之至。愛是一個存在者完全被他者改變的盼望或預兆。[…] 愛人讓我們盼望不再分離，彷彿孤獨的痛苦能永遠消除。但你看，這不過是幻覺。愛經常被某種痛苦的失望給取代。經歷一開始的頭暈目眩後，我們會說：我搞錯了，我本來期待的不是這樣，他或她變了，等等。被愛者的真實面貌，不可避免地會挑戰到我們先前所熱衷塑造的形象。[…]

哲：幸福又持續的愛是否可能？說點什麼讓我們安心吧……

格：如果我有那樣的自信，能提供一本必備指南、一本愛情生活簡論給天下有情人，我會建議他們和被愛者共同展開一段類似於我們和藝術作品之間的關係。康德在《判斷力批判》中，將美感經驗描述為某一種持續不斷的重新開展：就算我們已經很熟悉藝術作品，我們也永遠不會感到厭倦，關鍵在於我們總是能以新的觀點去感知藝術作品。

像看一幅畫一樣看著你的愛人，會讓你不停讚歎。你會不斷重新被征服。即便如此，要提升我們的存在，愛情並非唯一方法，工作一樣能做到這點。只是在工作中，我是付出自己的生命，而不把自己強加在任何人身上。

哲：可能會有人反對您的看法，因為我們常從異化的角度來感受工作。

格：對，我常聽見這種說法，即工作是種不幸，一種對自我的剝奪，對個人充分發展的障礙。然而馬克思是怎麼說的呢？他說工作是人類的基本需求，是最自然的表達與溝通形式。我將我的整個存在都浸淫在我所做的事情中。不論誰將我的活動所生產的產品據為己有，事實上都吸納了我。工作就是質變[1]的象徵，藉由工作，個人的實質因而擴散到社群與世界之中。自然在其中獲得了精神上的意義，精神則藉此進入自然。[…]

哲：您如何界定智慧？

格：必須將智慧與道德分開。道德決定我對他人的行為。第一個層次的道德是完成自己的專業責任、回應他人合理的期待，例如我對麵包師的期待是烤麵包。第二個層次的道德是對他人的相異性保有靈敏的感受。道德應該保護我們免於邪惡，而邪惡就是意圖完全控制他人的意識，甚至否定對方固有的人性。宗教或是意識形態的狂熱信仰，都建立在某種想像的魔法上：他們提出某種模式作為目的，把所有不符合這模式的人都當作不可同化、卑鄙無恥的人，予以排除。因此，為了防止偏差，將他者視為與自己相似就成為絕對的必要，即使這個他人一開始表現出與我們極為不同。

智慧調整我自己和我的生活的關係。這意味著放下我最根深柢固的幻想，破除幻覺。最大的幻想就是相信我們能夠體驗到絕對，相信我們可以達到完美、完全、永恆。想活在絕對中，就像是想要住在地平線上。我們可以朝地平線走去，但永遠不會抵達……智慧與體認某種無法克服的脆弱性緊密相連，意即體認到我們的有限性、我們注定要等待而產生的不滿足。第二種幻想就在於把自己當成某種孤立的、前無古人的人。然而一個自主的、孤島一般的「我」並不存在。那形象就像在倒塌、消失之前，所鼓起或升起的浪潮。這種自我不過是潮起的瞬間，潮水會超過它，它也離不開潮水。在這裡，智慧即是了解到我不過是個中介，而宇宙的生命通過我實現它自己。我能做得最好以及所能做的一切，就是讓自己為宇宙的生命所用。在我自身裡面，對我自己而言，我幾乎什麼都不是。

哲：您曾多次重複提到，去除自我的幻覺，也就是擺脫對未來的著迷，您認為這就是活在當下此刻……

格：……但我今天已不再這麼主張。沒錯，我曾經想要讓我這一生成為完美瞬間的總合，就像鬥牛士將自己的整個存在投注在冒險而短暫

[1] | Transsubstantiation，天主教傳統便是用這個字來說明耶穌的身體與血轉變成麵包和酒。——譯注

的動作中。但我發覺這樣的執迷是種形而上的自殺。因為瞬間在本質上是變動不居的。一旦過去就不再存在，彷彿我未曾經歷過那瞬間。現在，在我看來，我們已經開始著手的事情必須盡力持續下去。永遠不要任由生命的活力下降。要永遠繼續傳播、推廣與發揚。這不是一個人能做得到的。和柏拉圖與斯多噶派的教導相反，有智慧的人不能因自身而滿足。我的倫理學是種喜樂倫理，它絕不是自私，而是取決於熱誠的傳遞交流。當我感到自己的情緒在他人內在引起回響，或是當他人的情緒在我內在產生回響時，這種倫理便瞬時發生。喜悅是某種互惠的愉悅，產生於意識與意識之間。活著不是在反省自我，不是糾纏在自己的小問題或是自我形象上。活著，很簡單，就是與另一個存在彼此相通，彼此傳輸。我不再想要別的，除了在生命的炭火上吹氣。

訪談：「巫師，尼可拉・格里馬爾迪」，Martin Duru 訪談整理，
《哲學雜誌》（61期），2012年7-8月份。

反思哲學問題的現實性

1. 在探討「某種不帶幻覺的幸福是否可能」的主題時，本文區分了幾種幻覺：

   a. 在我們與他人的關係中的幻覺。請說明不受此幻覺所害，意味著重新定義愛。回想以下一事：幻覺是種錯誤，伴隨著造成自我欺騙的欲望而來，請解釋為何這種幻覺隨處可見。請找出幾個闡述這種錯誤的文學範例。

   b. 對自我的雙重幻覺。請解釋這指的是什麼。請將這個聲稱與巴斯卡（▶見文本閱讀1-2，80頁）與亞里斯多德（▶見文本閱讀3-3，83頁）的文本做比較。

2. 若要探討「是否存在某種幸福的技藝」的主題，根據本文，幸福的前提是鍛鍊自我：

   a. 請參考叔本華（▶見文本閱讀1-1，79頁）與奧里略（▶見文本閱讀2-2，82頁）的文本，說明為何幸福並非自然產生，而需要我們付出努力。

   b. 本文使用哪個詞來形容對自己生命的調整？為何這個字眼比「技藝」更適合描述幸福的稟賦？

練習1 掌握辭彙

下方列出能表述幸福的辭彙。請依序說明這些辭彙的涵義有何差別？

愉悅－充實－快樂－滿足－成功－舒適－心醉神迷－欣喜－舒展

練習2 掌握辭彙

區辨「幸福」一詞的兩種完全不同的用法。判斷下列句子裡所說的幸福（或是不幸）指的是滿意還是機運的概念。

	滿意	機運
手氣很好		
幸福的人是沒有故事的人（只有不幸的人才有很多話要訴說）		
他擁有一切幸福的條件		
這烏鴉嘴，壞事給他說中了		
運氣不錯，他總算到了		
這給他帶來好運		
他沉浸在幸福中		
他沒受傷就該覺得很幸運了		
一部分人的幸福造就了其他人的不幸		

	滿意	機運
練習2試答		

練習2試答

	滿意	機運
手氣很好		×
幸福的人是沒有故事的人（只有不幸的人才有很多要訴說）	×	
他擁有一切幸福的條件	×	
這烏鴉嘴，壞事給他說中了		×
運氣不錯，他總算到了		×
這給他帶來好運		×
他沉浸在幸福中	×	
他沒受傷就該覺得很幸運了		×
一部分人的幸福造就了其他人的不幸	×	

練習3　掌握辭彙 ▶見本冊的〈義務責任〉

德性這個詞出現在亞里斯多德（▶見文本閱讀3-3，86頁）和伊比鳩魯（▶見文本閱讀4-1，93頁）的選文中。

1. 當我們說「某種植物的療效（vertus）」或是「農村生活的優點（vertus）」的時候，我們的意思是什麼？
2. 同樣地，我們可以說「刀子的功能（vertu）在於裁切」。那當我們問人的德性（vertu）為何時，我們問的是什麼？
3. 請由此解釋德性一詞為何可以是道德的同義詞。
4. 請解釋這個詞為何特別適合用來思考道德與幸福之間的關係。

練習4　分析範例與提出問題

美國作家史坦貝克在1937年創作了小說《人鼠之間》，書名的靈感得自18世紀蘇格蘭詩人伯恩斯的一句詩：「人與鼠所想出的計畫，再好也會擱淺。」這本小說描述兩個農場工人，喬治與藍尼，他們一心只想成為小農場的主人，好供給自己的需求。儘管他們不屈不撓地持續努力，但他們的故事還是以悲劇收場。

1. 為何要用老鼠和人做對照？
2. 請解釋書名中的對照，即小說的故事與伯恩斯的詩句之間的對應。
3. 請提出這個故事所表明的問題。

論文寫作練習：用這個範例，對下述主題寫一篇論文。

主題：「幸福是個機運的問題嗎？」

練習4試答

1. 因為在英文中，「人」(man) 與「鼠」(mice) 押頭韻，因此，這個比喻表達了人類的脆弱與無力：正如同老鼠是身形小、易於捕捉的動物，人類為了生存與幸福必須付出辛勞，卻永遠無法確保可以免於不幸。這和巴斯卡所主張「人類脆弱而注定會死」的狀態（▶見文本閱讀1-2，80頁）有關。

2. 喬治與藍尼兩位主角並沒有崇高的夢想或是過分的野心：他們對於幸福的想像很樸實，想要的只是最終能擺脫悲慘。因此，他們的計畫在目標（買一小塊地）與手段（工作以賺取買土地必要的資金）上都謹小慎微。這樣的盤算，以及對於必要事物的欲望所做的限制，更接近伊比鳩魯學派的明智（▶見文本閱讀4-1，93頁）。然而，「一個仔細構想的計畫」在他們手裡依舊失敗了。

3. 這個故事表達了「幸福取決於事件甚於我們的行動」的觀念。這樣一來，追尋幸福還有意義嗎？這是否表示我們只是給自己某種掌握人生的幻覺，而事實上我們的人生卻只是任由偶然擺弄？

練習5 反思一個概念的特性

「或許有天人類會問動物：『你為何不跟我談談你的幸福是什麼，不要只是盯著我看？』動物會想回答他：『這是因為我立刻忘記了我想說的。』但牠連這個回答也忘了，依舊維持靜默，而人類也依然感到驚愕。」

尼采，《不合時宜的沉思》，根據原文校譯。

1. 動物少了什麼，以至於無法回答？

2. 基於同樣理由，動物也無法回答牠是無法快樂的。請問，遺忘與不可能獲得幸福之間的關係是什麼？

練習6　概念深化

對於下述論文主題：「我們是否能讓他人幸福？」以下是個可能的問題意識圖示。請回答樹狀圖中的問題，再提出一個問題。

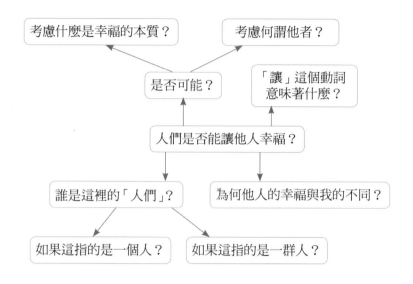

考慮什麼是幸福的本質？　　考慮何謂他者？

是否可能？　　「讓」這個動詞意味著什麼？

人們是否能讓他人幸福？

誰是這裡的「人們」？　　為何他人的幸福與我的不同？

如果這指的是一個人？　　如果這指的是一群人？

練習7　圖像分析

美國1950年代的廣告「福特雷鳥」。

圖像分析：

1. 圖片中的情侶是在觀賞夕陽嗎？這個場景真正的觀點是什麼？
2. 這則廣告為何「賣」的不只是車？
3. 請嘗試定義這幅圖像所闡述的幸福觀念。

練習8　理解文本 ▶見本冊的〈義務責任〉

　　要感到不幸或是不滿並不難，只要像個等待他人取悅的王子一樣坐下就夠了。他的目光盯著並掂量著幸福——像撒下飼料一樣在所有事物上撒下無聊顏色。這樣並非缺乏君王的威儀，因為蔑視一切貢品的行為本身，就具有某種力量。但我同時也看到了某種對於精明的創造者的不耐與憤怒，因為他不用太多東西便能創造幸福，像是孩童在花園裡所做的。我逃了。閱歷已經足以讓我明白，我們無法取悅那些對自己厭倦的人。

　　相反地，幸福則賞心悅目，是最美麗的景緻。有什麼比兒童更美？但兒童也是全心投入自己的遊戲，並不等待別人來戲耍取悅他。確實，賭氣的兒童給我們的是另一副面孔，拒絕一切喜樂的面孔，但幸運的是，兒童忘得也快。然而，每個人都遇過不停發脾氣的大孩子。他們總是很有道理，我知道。幸福總是困難的。這是反抗許多事件與許多人的戰鬥，人們很可能戰敗。毫無疑問，會有難以克服的事件，以及比斯多噶派門徒更沉重的不幸，但這或許是最明確的義務責

任，那就是在全力一搏之前，不要認為自己落敗了。特別是，如果我們不願意幸福，我們就不可能幸福，這在我看來似乎是顯而易見的。因此，必須有意志想要幸福並去造就幸福。

阿蘭，〈幸福的義務〉，《幸福簡論》，© Gallimard，1985，209-210頁。

a. 理解文本

「要感到不幸或是不滿並不難」，是基於什麼想法？請用本章之前的選文，特別是叔本華的選文（▶見文本閱讀1-1，79頁）說明這個看法。但相反地，為何「幸福總是困難的」？為何阿蘭提到「斯多噶派門徒」？意志的角色為何？

b. 強調重點

〈幸福的義務〉這個標題本身是否自相矛盾？我們如何能理解這個說法？

c. 檢視各論點導致的結論

幸福如何與我們和他人的關係有關？遭受不幸是否能正當化不道德的行為？請明確提出本文所觸及的問題。

練習9　集體作業與正反論辯

這個練習應由多人（甚至全班）一起進行，請分成三組。
由上述阿蘭的文本出發：
——第一組請評判幸福在多大程度上有賴我們的意志；
——第二組請評判幸福在什麼情況下，是我們的意志有所不能；
——第三組請針對前面兩組提出問題，好讓他們將論點修正得更精確。

練習10　概念深化

「幸福是否是種幻覺？」這個主題要求你去分析並精準地表達幻覺的概念。請使用79-81頁的文本閱讀1-1、1-2與1-3，區分不同類型的關於幸福的幻覺。

練習 10 試答

──對叔本華而言（▶見文本閱讀1-1，79頁），人類並非為了幸福而存在：那不過是種幻覺，因為幸福是無法迄及的。這並不表示幸福像偽鈔一樣毫無價值，而是我們無法感受到幸福。

──對巴斯卡而言（▶見文本閱讀1-2，80頁），幸福就像是視覺上的幻覺，是某種偏差的印象，來自於部分、偏狹的識見。人們之所以相信幸福，是因為我們的識見不夠寬廣。但如果我們將自己的存在當作整體來查看，幸福就會顯示出人為的虛假，因為相對於我們的有限性而言，幸福毫無價值。

──對彌爾而言（▶見文本閱讀1-3，81頁），幸福既不虛假，也並非無法迄及，而是無法以連續不斷的方式存在。所謂的幻覺指的並非幸福，而是某種特定的幸福概念。

綜 合 整 理

幸福是種持續滿足的狀態，我們會試圖藉由我們的行動，並按照個人對於幸福的概念，達到此一狀態。

提問 ── **Q1：幸福是幻覺嗎？**

癥結

這個問題回歸到人的本性。儘管外在條件齊備，人類還是無法品嘗到可持續的滿足。

答題方向

對叔本華而言，人類沒有幸福的能力，因為比起喜悅，他更能感受到苦難。
根據巴斯卡，人類的狀態本質上就是不幸的。

引述

「我們感受到的是痛苦，而非沒有痛苦。」（叔本華，《意志與表象的世界》）
「人類一切的不幸都只出於一件事，也就是不懂得待在房裡休息。」（巴斯卡，《沉思錄》）

提問 ── **Q2：幸福取決於我們自身嗎？**

癥結

> 這就得考察機遇在我們的存在中所扮演的角色：不論我們的意願與行動為何，不幸總能落到我們頭上。

答題方向

> 根據盧梭，世界與我們本身持續不斷地改變，這妨礙了我們實行幸福的計畫。
>
> 根據奧里略，機運能影響外在的對象，卻不能觸及我們的思想與意志。

引述

> 「如果你因為某種外在事物而感到痛苦，並不是這樣事物讓你煩亂不安，而是你對它所下的判斷。」
>
> （奧里略，《沉思錄》）

提問 ── **Q3：他人能讓我幸福嗎？**

癥結

> 幸福導致了與他人的關係的問題：幸福關乎個人，但這並不表示幸福與他人無關。

答題方向

> 對康德而言，一個要求個人要幸福的國家將是某種形式的專制國家。
> 對亞里斯多德而言，幸福需要友誼，因為人類不能獨自一人就可自我實現。

引述

> 「沒有人能強迫我以某種特定的方式感到幸福。」（康德，《理論與實踐》）
>
> 「沒有人會為了自己享受而選擇擁有世上的一切財富。」（亞里斯多德，《尼各馬可倫理學》）

論文寫作練習：分析下列主題

- 「幸福取決於我們自身嗎？」（科學組，2010）
- 「幸福是種私人事務嗎？」（文學組，2003）
- 「是否應偏好幸福甚於真理？」（經濟社會組，2006）

譯名表

人名

中文	法文

1-5 劃

中文	法文
巴枯寧	Bakounine
巴特勒迪	Frédéric Auguste Bartholdi
巴魯赫・史賓諾莎	Baruch Spinoza
史丹利・米爾格倫	Stanley Milgram
史坦貝克	John Steinbeck
史特拉汶斯基	Igor Stravinski
尼可拉・格里馬爾迪	Nicolas Grimaldi
布萊茲・巴斯卡	Blaise Pascal
弗拉戈納爾	Jean-Honoré Fragonard
瓦格納	Daniel Wagner

6-10 劃

中文	法文
伊比鳩魯	Épicure
伏爾泰	Voltaire
多馬斯・阿奎那	Thomas d'Aquin
托克維爾	Alexis de Tocqueville
托馬斯・霍布斯	Thomas Hobbes
艾希曼	Adolf Eichmann
艾蒂安・德・拉・波埃西	Étienne de La Boétie
西格蒙德・佛洛伊德	Sigmund Freud
伯恩斯	Robert Burns
克魯泡特金	Pierre Kropotkine
李貝特	Benjamin Libet
杜阿黑克	Thomas Le Douarec
亞里斯多德	Aristote
依曼努爾・康德	Emmanuel Kant
孟德斯鳩	Montesquieu
尚－保羅・沙特	Jean-Paul Sartre
彼得・辛格	Peter Singer
拉・波埃西	La Boétie
拉伯雷	François Rabelais
拉封丹	Jean de La Fontaine
拉斐爾	Raphaël
拉維	Raveh
昂希・柏格森	Henri Bergson
昂希・維努伊	Henri Verneuil
法布里斯・伊貝	Fabrice Hyber

波許	Jérôme Bosch
阿圖爾‧叔本華	Arthur Schopenhauer
阿蘭	Alain
保羅‧瓦勒里	Paul Valéry
威廉‧斯泰隆	William Styron
約翰‧彌爾	John Stuart Mill
約翰‧羅爾斯	John Rawls
唐‧羅德里格	Don Rodrigue
庫蒂爾	Thomas Couture
朗格吉	Philip Langridge
班哲明‧貢斯當	Benjamin Constant
馬可‧奧里略	Marc Aurèle
高乃依	Pierre Corneille

11 劃以上

施曼娜	Chimène
梅爾維爾	Herman Melville
荷內‧笛卡兒	René Descartes
莫里哀	Molière
麥克斯‧施蒂納	Max Stirner
費德利希‧尼采	Friedrich Nietzsche
費德利希‧黑格爾	Friedrich Hegel
塞內卡	Sénèque
愛比克泰德	Épictète
愛德華‧馬奈	Édouard Manet
愛德華‧霍珀	Edward Hopper
聖茹斯	Saint-Just
裘‧賈尼奧	Joël Janiaud
漢娜‧鄂蘭	Hannah Arendt
維克多‧庫桑	Victor Cousin
歐仁‧德拉克羅瓦	Eugène Delacroix
諾曼‧貝拉傑	Normand Baillargeon
霍爾巴赫	D'Holbach
羅伯斯皮耶	Robespierre
邊沁	Jeremy Bentham
讓‧雅克‧盧梭	Jean-Jacques Rousseau

作品

哲學雜誌	Philosophie magazine
效益主義	L'Utilitarisme
狼與狗	Le loup et le chien
神學大全	Somme de théologie
神學政治論	Traité théologico-politique
草地上的午餐	Le Déjeuner sur l'herbe
除魅短論	Bref traité du désenchantement

11 劃以上

乾草車	Chariot de foin
偶像的黃昏	Crépuscule des idoles
唯一者及其所有物	L'Unique et sa propriété
密親芳澤	Le Baiser à la dérobée
晨光	Morning Sun
無病呻吟	Le Malade imaginaire
答「何謂啟蒙」之問題	Réponse à la question : qu'est-ce que les Lumières ?
虛空之湧動	L'Eff ervescence du vide
貴人迷	La bourgeois gentilhomme
雅典學院	L'École d'Athènes
道德形而上學的基礎	Fondements de la métaphysique des moeurs
道德系譜學	Généalogie de la morale
道德與宗教的兩種起源	Les deux sources de la morale et de la religion
對話錄	Entretiens
熙德	Le Cid
論人類不平等的起源與基礎	Discours sur l'origine et les fondements de l'inégalité
論公民	Le Citoyen
論方法	Discours de la méthode
論忌妒	Essai sur la jalousie
論法的精神	De l'esprit des lois
論政治	Écrits politiques
薩達那帕拉之死	La mort de Sardanapale
舊制度與大革命	De la démocratie en Amérique
醫師誓詞（希波克拉底誓詞）	Serment d'Hippocrate
醫療職業道德法典	Code de déontologie médicale
羅馬人的墮落	Les Romains de la décadence
蘇菲的抉擇	Le Choix de Sophie
觀乎今世	Regards sur le monde actuel

地名

土魯斯市立圖書館	Bibliothèque municipale de Toulouse
艾米塔吉博物館	Musée de l'Ermitage
梵蒂岡博物館	Musée du Vatican
普拉多博物館	Musée de Prado
奧賽美術館	Musée d'Orsay

專有名詞

司法條文	lois jurisdiques
布里丹的驢子	l'âne de Buridan
正面表述	forme positive
生命進程	processus vitaux
共同體	la communauté
米爾格倫實驗	l'expérience de Milgram
自我	soi-même
自欺	mauvaise foi
否認主義	Négationnisme
決定論	déterminisme
良心	Gewissen
良序社會	société bien ordonnée
併入肉體（成為肉體的一部分）	Einverleibung
併入靈魂（成為靈魂的一部分）	Einverseelung
享樂主義	hédonisme
幸福主義	eudémonisme
美善修道院	abbaye de Thélème
負面表述	forme négative
個別意志／特殊意志	volonté particulière
效益主義	utilitarisme
基本制度	institutions de base
宿命論	fatalisme
細密畫	miniature
習俗的道德	Sittlichkeit der Sitte
許可／放縱	licence
陳述的形式	forme d'énoncés
斯多噶派	stoîciens
普遍意志／公共意志	volonté générale
無上命令	impératif catégorique
義務	Pflichtmäßig
義務倫理學	éthique déontologique

解釋圖	topique
道德主體	sujet moral
道德訓誡	faire la morale
道德規定	prescription morale
道德錯誤	faute morale
慣性力	vis inertiae
審思決斷	prudence/phronésis
德性倫理學	éthique de la vertu
憤怒者運動	mouvement des "Indignés"
敵對係數	coefficient d'adversité
適於眾人的習俗	la coutume peut tout
獨立自主的個體	das souveraine Individuum
歸謬法	raisonnement par l'absurde
職業道德	déontologie
靈魂平靜	ataraxie

法國高中生 哲學讀本 Ⅱ

PASSERELLES
PHILOSOPHIE TERMINALES L.ES.S

人能自主選擇而負擔道德責任嗎？
—— 探討道德的哲學之路

作　者　侯貝（Blanche Robert）等人 ｜譯　者　梁家瑜 ｜審　定　沈清楷 ｜特約編輯　宋宜真 ｜
全書設計　徐睿紳 ｜排　版　謝青秀 ｜行銷企畫　陳詩韻 ｜總編輯　賴淑玲 ｜社　長　郭重
興 ｜發行人兼出版總監　曾大福 ｜出版者　大家出版／遠足文化事業股份有限公司 ｜發　行　遠
足文化事業股份有限公司　231 新北市新店區民權路108-4號8樓　電話　(02)2218-1417　傳真
(02)8667-1851　劃撥帳號　19504465　戶名　遠足文化事業有限公司 ｜法律顧問　華洋法律事務所
蘇文生律師

PHILOSOPHIE TERMINALES ÉDITION 2013

Written by Blanche Robert, Hervé Boillot , Yannick Mazoue, Patrice Guillamaud , Matthieu Lahure ,
David Larre , Aurélie Ledoux , Frédéric Manzini , Lisa Rodrigues de Oliveira , Tania Mirsalis , Larissa
Paulin , and Karine Tordo Rombaut
Copyright © 2013 by Hachette Éducation
All rights reserved.
Chinese complex translation copyright © Walkers Cultural Enterprise Ltd. (Imprint: Common Master Press)
Published by arrangement with Hachette Éducation through LEE's Literary Agency

國家圖書館出版品預行編目(CIP) 資料

人能自主選擇而負擔道德責任嗎？：探討道德的哲學之
路 / 侯貝(Blanche Robert) 等作 梁家瑜譯. -- 初版.
-- 新北市：大家出版：遠足文化發行, 2016.12
面；　公分. -- (法國高中生哲學讀本；2)
譯自：Passerelles : philosophie terminales L.ES.S
ISBN 978-986-93686-8-1 (平裝)

1.倫理學 2.道德　　　190　　　105022167

定　價 320元
初版1刷 2016年12月
初版9刷 2019年11月
ISBN 978-986-93686-8-1